どうして
僕たちは、
あんな働き方を
していたん
だろう？

古い「仕事のやり方」を変える30の方法

河野英太郎

ダイヤモンド社

はじめに

コロナショックがもたらした「本当の働き方改革」

「ハンコを押すためだけに出社とか、絶対におかしいよ……」と思った、あなたへ。

今日から私たちの手で、日本の働き方を変えていきましょう。

あれは2016年の頃からでした。ついに、「働き方改革」という名の大号令が下り、ビジネスパーソンが人生の多くの時間を費やす「仕事」や「職場」の見直しが図られていくことになりました。号令は各企業の取り組みや関連法案の改正などを引き出し、多くの日本企業を変えていく……はずでした。

たしかに、ゆっくりとではありますが、「働き方改革」で変わったこともあります。しかし、私には「改革」の2文字が、どこか虚しく響いているだけのようにも思えていました。

もっとできる。まだまだ改善できることはある。

そんな思いを胸にしながら仕事を続けるなかで、はっきりと、大きく情勢が変わったのは2020年初頭。世界中を巻き込む新型コロナウィルス感染症の大流行です。緊急事態宣言のもと、あらゆる企業が社員の出社を見合わせ、自宅待機とテレワークで仕事を進めざるを得ませんでした。この自粛期間が、これまでゆっくりとしか変わってこなかった日本企業の働き方を大転換させるきっかけとなったのです。「来たるべき未来が早回しで実現した」と表現した人もいたくらいに。

具体的には何が起きているのか。私が「日本経済新聞」で目にしたニュースを、いくつかあげてみましょう。

◇日立製作所は3万3000人の社員の約7割を在宅勤務前提に
◇NTTグループ280社の間接部門は、在宅勤務5割を標準に
◇サントリーHDは電子決裁などペーパーレス化を推進
◇ドワンゴは全社員1000人がコロナ後も原則在宅勤務に
◇リコーやベネッセコーポレーションでは、在宅勤務でも残業代を支払いへ

◇カルビーは成果主義の報酬体系を活用して、在宅での多様な働き方を実現。業務に支障がなければ単身赴任も解除

◇KDDIは約1万3000人の正社員に、職務内容を明確にして成果で処遇する「ジョブ型雇用」を導入。一律初任給も廃止

このように、日本を代表する大企業が続々と改革案を発表していきました。ついに「本当の働き方改革」が実現されたのだと、私は感じました。

なぜ、私たちは急激な変化を受け入れることができたのか？

しかし、こうした企業の現場に思いを馳せれば、誰も予想できなかった事態に急に対応したわけですから、社員からは嘆きの声が聞こえてきそうなものです。ところが、実際のところはどうでしょうか。いまだ新型コロナウィルスの脅威が去っていないこともありますが、多くの人が、この働き方の変化を「悪くないもの」として受け止めているようなのです。さらにいえば、若い社員からは歓迎の声すら聞こえてきます。

私自身も、テレワークで出勤から解放され、Zoomなどのツールで効率的にビデオ会議をこなす働き方の快適さに、あっという間に親しんでしまいました。むしろ、電車でわざわざ都心のオフィスまで移動し、各地にあるクライアントを訪問していた以前の生活を思い出せないくらいです。公言はしないまでも、同じ感覚を持っている方は多いのではないでしょうか。

なぜ、私たちは急激な変化をスムーズに受け入れることができたのでしょうか？危機が起きた際の日本人の特性と考えることもできるかもしれませんが、私としては、より本質的な理由があると確信しています。それは、**すでに何年も前から、日本企業の働き方には無理がきていた、**というものです。

ここ数年、私は書籍の執筆のために、日本企業の「当たり前」に関心をもっていました（著作を含む私の経歴は「おわりに」にまとめましたので、ご参照ください）。すると、多くの企業で、昔からの「当たり前」が実態とズレてきているにもかかわらず、価値観の修正がなされずに現場が苦しんでいるケースがあると気づきました。また、ITに親しんだ私にとっては明らかに合理的で「当たり前」だと思うことが、クライアントには非常識だと思われてしまい、驚くこともありました。

そうした組織の矛盾や制度の経年劣化が、コロナショックにより可視化され、変化を迫られました。まさに、「働き方」の前提となる価値観を含めた「当たり前」が変わったわけです。

いま起きている「働き方」の3つの変化

では、なぜ、どのように、日本企業の働き方には無理がきていたのか。私なりに考えれば、それは、インターネットの浸透と産業の変化に、日本社会が対応できていなかったということに尽きます。これだけITが進歩し、また職業や職種が多様化したにもかかわらず、日本社会は依然として20世紀と同じ製造業を主流とする働き方を前提にやってきていたのです。

より具体的に整理をすれば、コロナショックで明らかになった「働き方」の変化は、次の3つに集約されるように思います。

①依存集中から自律分散へ

中央集権的なシステムや大企業がもたなくなり、個人やスタートアップの存在感が増す。

②時間労働から価値労働へ

個人の労働が、費やした「時間」ではなく、生み出した「価値」で評価されるようになる。

③アナログからデジタルの価値観へ

①②の前提である「デジタル化」が、人々の価値観にも影響を与えている。

いま皆さんの周囲で起きている「働き方」の変化も、こうした流れの中でのもの、と捉えることができれば、受け止めやすいのではないでしょうか。

コロナショックでは、以前から個人の内部や現場で蓄積されてきた3つの変化へのエネルギーが、一気に噴出することになったわけです。

しかし、変化が本質的なものであるがゆえに、職場では衝突や軋轢も生まれているようです。

コロナショックが落ち着いたら、先ほどあげたような大企業でも、その取引先である多数の会社でも、昔の働き方に戻そうとする力が働くでしょう。しかし、それは明らかに社会の生産性を下げる、老害的なノスタルジーに過ぎません。私たちは個人の幸福のためにも、日本経済の復活のためにも、そうした「反動」を明確に否定しなければならないのです。

本書は、その戦いで、私と志を同じくする人を応援するために書いたものです。先ほどの3つの変化を元に、**過去の「働き方」をBefore／Afterのストーリー形式で振り返り、**実際にどうすれば古い働き方を変えられるかという**How Toのアドバイス**をしていきます。

これを機に新しい「働き方」を職場に定着させようと奮闘している人、変化についていくことに大変さを感じている人、そして組織を変えようとするリーダーや経営層の人に、必ず参考にしていただけるものとなったはずです。

さっそく本編に進み、明日からの仕事に役立てていただければ幸いです。

もくじ

どうして僕たちは、あんな働き方をしていたんだろう？

どうして僕たちは、
あんな働き方を
していたんだろう?

1 どうして、あんなに「対面」にこだわっていたんだろう？

Before

仕事は電話と対面が基本！

「なぁ、受話器とるの、遅くないか？」

しぶしぶ、といった調子で、須賀佑介は声をかけた。入社2年目の社員の伊坂拓真は、傍目《はため》から見ていても「電話嫌い」らしかった。だが、すでに新入社員も入ってきており、伊坂には率先して先輩としての手本を見せてほしかった。嫌いであろうがなかろうが、顧客からの入電には一早く応えるのは営業の基本中の基本だ。須賀はそんなふうに言って聞かせた。

伊坂は、生返事で、電話のコードをいじっている。

「いいか、お前の仕事は営業だろ？　まず顧客と会って、対面で話をして、関係を築くのが大事なんだよ。それは顧客だけじゃなくて、社内でも同じだよ。内線で済ませるだけでなく、必要であれば自分から顔を見せて、お願いしたり、相談したりする。とにかく、もっと会って話をしろよ」

営業は足で稼げ、なんて古いという言う人もいるが、その価値は変わっていない。対面でのトークスキルは自分の評価に直結するのだ。

「すみません、入電は……がんばります。でも、社内の人に連絡するのって、相手だって忙しいかもしれないじゃないですか？」

「内線に出なかったら、会いに行けばいいだろ」

「でも違う部署、フロアが遠かったりしますよね。メールじゃだめですか」

今日の伊坂は、すこし意固地なようだった。この先、こんな調子で、営業の外回りとしてやっていけるのだろうか。伊坂の横顔を見ながら、須賀は先が思いやられた……。

After

仕事の基本はオンライン。リアルの対面は「奥の手」に

フロアは静かだった。かつてこの営業部には、外線や内線を問わず、鳴り止むひまがないほど電話がかかって来ていた。

「新人の仕事は誰よりも早く電話をとること」で、「優秀な先輩たちが同時に2本、3本と電話をさばいていた」という伝説さえ、まことしやかに受け継がれていた。そんな景色は一変してしまった。

オフィスに来る人はまばらで、今やコミュニケーションの主戦場はビデオ通話やチャットツールの上にある。

伊坂拓真は無言で、PC上の画面に、高速タイピングで次々にメッセージを入力していく。「電話嫌い」で通っていた伊坂は、今やビデオ会議やデジタルツールを使いこなし、営業成績も優秀だった。彼を指導していた須賀佑介にとって、それは喜ばしいことである半面、これまでの対面式の営業スタイルが通じず、自身は苦戦するときも多かった。

新型コロナウイルスの影響もあって、おいそれと「対面での会話」を持ち出すのも難しい。「よほどの内容」でなければ、対面はお互いに避けるのがマナーだった。このマナーは、実際に業務の効率化につながっていることもあり、コロナショックが落ち着いても変わりそうにない。

その分、たまに電話ができると、須賀はどこかホッとする気持ちになった。今では電話をしても相手が会社にいないことも多い。あるスタートアップ（ベンチャー企業）は、問い合わせ窓口としての電話を廃止してしまったそうだ。

「あのー、須賀さん……」

伊坂が言い出しにくそうに、声をかけてきた。

「例のトラブルが起きてた顧客なんですけど、やはりこちらに非があるみたいで、事態が深刻になってきまして……これ、どうすべきでしょうか？」

須賀の瞳に、さっと明るさが増した。これこそは「よほどの内容」だった。

「まずは、今すぐ電話して！　流れ次第では対面で謝って、話をつけよう」

How To

コミュニケーションツールの特徴を理解し、使いこなす

新型コロナウイルス感染症は、ビジネスのスタイルを大きく変えてしまいました。テレワークが推奨され、ソーシャルディスタンスが叫ばれる環境下では、私たちはもはや「対面」で会うことよりも、オンライン上で会話をすることを平常時の前提と考えるべきでしょう。

そうした背景もあり、営業、特にB to B営業の様相は変わりました。これまでは「会えばなんとかなる」という、言わば「対面神話」がまかり通っていましたが、手土産を持っていくなど、本題以外の用事から商談につなげていくような機会は、ますます持ちにくくなっています。

結果として最近では、電話やビデオ会議でアポイントから商談まで進める「インサイドセールス」に注目が集まっています。正確には、初対面がビデオ会議であるケースも増え、もはやインサイドセールスと、従来のフィールドセールスは区別がつかなくなってきつつあります。

私も営業や打ち合わせでビデオ会議はフル活用しています。ビデオ会議だと対面よりも主題に入りやすいおかげか、これまで1時間が前提だった面会時間が30分程度で終わることもあり、とても効率的です。北海道にいる顧客との打ち合わせの直後に、沖縄の新規顧客と商談もできるのです。時候の挨拶や雑談がなく、資料を印刷する必要もない。単純に営業回数が増え、ビジネスチャンスは広がっています。BtoB営業の現場では「ビデオ会議だと上長の同席もしやすい」という理由で、成約率が上がっているケースもあると聞きました。

そうした状況を鑑みれば、もう**「対面神話」が通じる社会に戻ることはない**と言ってよいでしょう。戻ってはならない、とも思います。一度上がった生産性を下げることは、社会的にも「難しい」のです。

ただし、「対面神話」は崩れつつあるとはいえ、電話についてはまだまだ健在です。ビデオ会議をするほどではなくても、メールやチャットにはとても向かないやり取りが、ビジネスでは頻繁に発生します。

それでも、ケーススタディのように電話を嫌う若者は多くいます。彼ら彼女らは、よく「相手の時間を取ってしまうから」と言いますが、それはあくまで建前ではないかと思うのです。

以前、とある衛生用品の大手メーカーで講演をする機会がありました。その会社の社内ガイドラインには「相手の時間を取るので、電話はしてはならない」とあり、驚きました。私は講演で「この一文は無視するべき」と伝えました。

私にとって仕事とは「相手の時間を奪うこと」であり、奪った時間以上の価値をお返しすることにあります。だからこそ、「相手が忙しそう」という理由で声をかけない時点で、仕事を完結する意思がないようにも感じられるのです。

どうしても「この四半期に受注したい案件」があるとします。それなのに、顧客の連絡待ちの行列に並ぶだけでは、他の誰かに順番を奪われる可能性も出てくる。それならば、たった10秒でも、10分でも時間をもらえれば、受注できる可能性は広がります。

さらに言えば、自分の商品を顧客が手に取ることに価値がある、という確かな信念があれば、いち早く使い始めてもらうことが顧客のためにもなるはずです。

ＩＢＭにいたときの強烈な思い出が１つあります。ある企業へサービスを提案していた際に、「顧客の役員会が来月と決まっているので、今月中は検討できない」と伝えられました。そのことを当時の上司に話すと、彼は「(顧客の）役員会を前倒しさせられないか」と言ったのです。さすがに叶いませんでしたが、それくらい自社の製品やサービスを早く使うメリットがあると主張できるなら、買う側も、売る側も、お互いにとってハッピーなはずです。

私が電話の活用を勧めると、若い社員からは「イーロン・マスクも堀江貴文さんも電話は使わないと言っていますよ」と返されるのも定番です。私はその場で「君はイーロン・マスクなの？」と返します。つまり、電話を使わなくても生きていける人は世の中に一定数いますが、関係性など含めて、まだまだ少数です。その人たちの主張を真に受けるだけではなく、仕事にとって必要な手段は使うべきだと思うのです。もし、電話をとれない状態なら、相手も出ません。そんな状態だとわかってから、別の手段を取ってもいいはずです。

話をまとめると、原則論は**「ツールの得手不得手を理解し、相手と状況に合わせて使い分ける」**ことに尽きます。

たとえば、長文をしたためて「メールでけんか」をするような人は、ツールの得手不得手を理解していません。電話をひとつかける、あるいはビデオ会議で顔を見ながら話せれば、関係性もより改善しやすくなるでしょう。

むしろ、みんなが電話を使わないようになるほど、電話という手段が目立つことさえあるかもしれません。普段は文章でしかコミュニケーションしていない人から電話がかかってきたら、インパクトがありますよね。

情報伝達能力の強度でいっても、一番は対面で、ビデオ会議、電話、文字と落ちていきます。ただ、履歴を残したい、一斉に同報したい、時差などの時間差を超えたいという3点に関しては、文字でのコミュニケーションに優位性があります。

繰り返しますが、大事なのはこうしたツールの得手不得手を理解し、状況に応じて使い分けることです。最近のチャットツールでは通話機能も備わってきましたから、チャットと組み合わせて上手に使っていきましょう。また、対外的な謝罪などの「ここぞ」という場面では、対面での打診をすることも決して悪いとはいえません。

逆に、特段に必要もないと思われるのに「対面したい」と依頼されたときは、穏便に断るのも当然の権利です。どうしても、と「出頭」を強制されるようなケースがあった場合は、「申し訳ありませんが、会社からお客様のために対面は極力避け、環境や効率に配慮した行動をとるように指示を受けています」というコメントを返すのが、最も角が立たない断り方でしょう。

会社としても、こうした可能性を事前に見越して、社員にガイドラインを出しておきたいものです。

2

どうして、あんなに「会議」ばかりやっていたんだろう?

Before

会議は「参加すること」に意義があった

その部屋には20名近くの人々が集まって、一番奥の空いた席に座る人の到着を待っていた。役員も参加する隔週の部内会議だ。「会議」と名はついているが、基本的には各課の代表者が代わる代わる発言していくので、意見を交わすようなことも少ない。

末席にいた入社3年目の吉野淳は、この時間がたまらなく嫌いだった。議事録づくりからは自分より後輩ができたことで解放されたが、何をするでもなく、長い時間で2時間近くを奪われてしまうのだ。

会議室のドアが開く。顔を見せたのが田島執行役員と、その「お付き」と裏でささやかれている川下部長だった。全員が椅子から立ち上がり、迎え入れる。こんな「右に倣え」な空気も、吉野は無表情でこなせるようにはなったが、腹落ちはしていない。

（だいたい、この執行役員様が、なんでか時間が合わなくて、会議がリスケされたりするのがいちばん腹立つんだよな……）

それぞれが席につき、会議という名の時間が始まった。発表者が資料を用いながら、自分たちのプロジェクトの概略や進捗を伝えていく。時折うなずいたり、資料を見たりするが、その受け答えの多くは川下部長が担っている。

（この内容なら、ぶっちゃけ資料読むだけでだいたいわかるんじゃないの？　意味ないよなぁ。なんでわざわざ全員集まらないといけないんだろう……）

吉野が、退屈のさなかに、聞くふりをして見るでもなく見ていたノートパソコンから顔をあげると、自分より3年ばかり先輩の社員が、手で顔を隠して居眠りしていた。微動だにしないので、角度によっては考え事をしているように見えるそうだ。

（もはや謎に身についたスキルだよな、それ……）

自分もあと数年すれば、同じような過ごし方をしてしまったりするのだろうか。

小心者の自分に、そんなことが可能になるのか。吉野は自分の姿を想像して、暗い気持ちになった。

After

ビデオ会議では、会議の意義とルールが一変した

入社3年目の吉野淳は、以前よりもストレスが減っていることに気づいた。定期的に開かれていた「意味がないと思える会議」が見直され、情報共有のされ方にも変化が起きたからだ。

そもそも、全員がそろって会議に集まれることもなくなった。在宅勤務やテレワークを選ぶ社員が増え、会議のベースもビデオ通話に切り替えられた。

（先輩の居眠り謎スキルもこれまでか……）

と、吉野は心のなかで、かすかな安堵をおぼえていた。

さらに、ビデオ会議で全員の顔が映し出されていると、明らかに「発言していないこと」や「集中できていないこと」がわかりやすい。

そのうち、情報共有だけならば事前に資料を提出すること、基本的に会議に参加するのは議長から招集された人だけにすることなど、より良いビデオ会議にすべく工夫が重ねられていった。

吉野にも会議の参加要請が来るのは、「現場から見た意見がほしい」という求めに応じることが多いからだ。「自分が求められている」とはっきり感じられるだけに、これまでよりずっとやる気が湧いていた。

（自分にとってもチャンスだし、これなら1時間じゃなくて、2時間でも、もっとでも話していたいくらいだよ……！）

これまで議事録づくりを任せられていた後輩も、自動の議事録機能や、録画での振り返りなどができることで、発言をする余裕ができたようだ。その意見が鋭いことも多く、吉野は焦りを感じてもいる。これまでの形だけの「先輩」は、もう武器としては通じないのだ。

How To

会議の目的を「議論」と「決断」に絞る

高画質・高音質で、デバイスを選ばずに参加できるビデオ会議は、明らかにビジネスの世界を変えつつあるテクノロジーの1つです。

個人的に感じる一番の変化は無駄な時間を減らし、仕事に投入できる時間を増やせたことです。特にコンサルティング業は顕著ですが、「時間あたりの価値提供」にフィーがつく仕事では、使える時間が多ければ仕事量や収入にも直結します。1日の時間をどのように配分するかを考え、より効率的に仕事を進める。まさに自律分散型の時間の使い方につながっています。

さらにビデオ会議になることで、「対面式会議」と比べると、いくつかのポジティブな変化も起きています。たとえば、会議1回に費やす時間が短くなったこと。交通機関の乱れといった不確定要素もなく時間通りに始まって、時候の挨拶もよもやま話も必要なくなり、単刀直入に議題に入りやすい。そのため、想定時間よりもずっと短く、ときに10分や15分で終わる会議も増えています。

お互いに、「せっかく足を運んでもらったのだから、1時間はしっかり会議で使わないと」という発想も皆無になりました。来社した人を15分で帰すのは、どこか気がとがめるものですが、ビデオ会議なら早く終わった分だけ、そのまま別の仕事に移行できるのでメリットしかありません。目的が果たせれば会議は短いほうがいいですよね。

また、出席しなくてもよいと考えられる会議は欠席しやすくなった一方で、自らの勉強のために見学したい会議であれば、参加するのも容易になりました。プレゼンに定評のある社員の会議に新入社員を参加させ、研修の場としている企業もあるといいます。

逆に、性格が引っ込み思案だったり、上長やエライ人に気兼ねしたりして、会議では発言ができなかった人が、チャットでコミュニケーションをとるようになったことで大活躍するようになった、という例も生まれています。単に「従来型の会議に向いていなかった」だけで、クリエイティブなアイデアを発想することには長《た》けていたというのです。

これも、会議のあり方や役割、使われるツールとコミュニケーションを見直した結果、得られた財産というべきでしょう。

私はビジネススクールのグロービス経営大学院で講師も務めていますが、グロービスの講義では、ビデオ講義での発言の回数や品質も評価の対象になります。ビデオ会議でも、積極的に「発言ボタン」を押して質問をする人がいたり、参加者が見られるチャットで話しまくる人がいたりと、さまざまです。講義のように評価システムこそなくとも、同じように、意味ある発言、価値ある発言をした人にこそ、評価が集まりやすい環境になってきたといえるでしょう。

そうした経験を積むと、実際に音声で発言しようが、チャットで文章を打とうが、大切なのは「そのときに、何を言うか」という適時性と発言内容だとわかってきます。**ビデオ会議の浸透で、「言語化力」はより重要なスキルになった**といえるでしょう。

一方で、ビデオ会議が進んだことで、気楽に呼ばれやすくなり、参加する会議が増えてしまっているという悩みも聞きました。また、一人ずつ話すという性質もあり、むしろ会議時間が延びてしまうケースもあるそうです。

これらの課題には、いくつかの対処法が考えられます。まず、参加する人の「言語化力」にも関連しますが、今まで以上に要点が伝わりやすいように、構造化したうえで伝えるスキルが重要です。言わば、「先に結論からズバッと言っていく」ような話し方が向いています。一人ずつが話すので、だらだらとした話し方だと、相手にストレスを与えやすいのです。

話し方でいえば、ビジネス系ノウハウを伝える人気YouTuberあたりは、わかりやすく参考になりそうですね。

また、**会議の目的を情報共有ではなく、「議論」か「決断」に絞ることも大切です。**このいずれかであれば、権限や能力を基準に参加すべき人も選びやすくなります。参加する人すべてに意味がある会議が実現できるわけです。

中には、自分の画面のバーチャル背景にタイマーを設定して、常に参加者へ制限時間の意識をもたせるというテクニックもあります。ビデオ会議の仕事術には、さまざまな可能性が広がっています。

3

どうして、あんなに「ハンコ」にこだわっていたんだろう？

Before

ハンコを押すためだけに出勤……

増田亜希は我慢の限界だった。マスクの内側にこもる息まで、自分から出たものなのに、なんだか腹立たしいほどだった。いつもの在宅勤務から一転、今日の増田は出社するために電車に乗っている。とある書類に会社印を押さねばならないと言われたのだ。

（私はあのハンコを押すためだけに、自分の身を危険に晒しているのか……生命より尊いハンコなんてあるのでしょうか……）

もっとも、増田が在籍する会社のハンコ文化は、今に始まったことではない。稟議書に上司から押印をもらうためだけに、わざわざ書類を持ってエレベーター前で待ち伏せした日のことを、増田は思い出していた。隣には上司の久岡伸弘もいた。

「あのー……久岡さんの権限でハンコが不要になったりしません？」

「俺がもっとえらくなってから言ってくれ」

「だけど、稟議書を1つ通すのに、ほんと大変すぎじゃないですかね」

「不満もわかるけど、これはこれで必要なんだよ。ハンコってのは、ちゃんと複数人の目を通して、失敗や不正がないかをチェックした、という証《あかし》なんだから」

「私たちがこの10万円の稟議通す前に、どっかのスタートアップが先に商品作っちゃわないといいんですけど……」

会社の「外の世界」から漏れ聞こえてくるスピード感の違いに、増田は不満を募らせていた。そして、それから半年も経たないうちに、増田の不安は見事に的中したのだった。

（あの時もハンコに振り回されて、今日もハンコのために危険な出社か……）

増田はマスクのなかで力なく息を吐く。ハンコを押したら、すぐまたこの電車に乗って帰るのだ。

どうして、あんなに
「ハンコ」に
こだわっていたんだろう？

After

ハンコがなくなり、仕事全体のスピード感がアップ

「メールで契約書が届きますので、電子署名をお願いします」

増田亜希は新規顧客との契約に際して、もはや定型文となったメールを、今日も送り続けていた。ハンコ文化が根強かった我が社は、意外にも時代の要請に柔軟だった。監査法人との契約が捺印不要になり、さらにテレワークで紙資料のやり取りが減ったことも追い風に、電子契約への切り替えを実施。折しも、法務省などもテレワーク推進のために「民間における押印慣行の見直し」に関する文書を発表し、契約書に押印しなくとも法律違反にならないことなどを、あらためて周知していた。

社内稟議についても、小規模な決裁は上長権限で印鑑なしで行えるようになってきた。これまでしょっちゅう顔を合わせて会議ばかりしていたのが、多くの社員がテレワークを実施するようになり、会議の回数自体も減ってきているのだ。

今日、増田は上司である久岡伸弘と、ビデオ会議をつないで1 on 1のミーティングをしていた。進捗報告とざっくばらんな相談をしていると、久岡の表情が最近は

生き生きしているように感じられた。

「なんだか最近、久岡さん、前より明るくなりました?」

「俺の権限でみんなにチャレンジが促せるから、やる気も出るってもんだよ。責任は伴うが、必要なときに上長権限の決裁を下せる。事業部のスピード感も増したし。ムダな会議とハンコが減るだけでも、ぜんぜん違うもんだな」

「なるほど～! でも、久岡さん、ちょっとそそっかしいんだから、へんな決裁しないように気をつけてくださいよ!」

How To

ハンコは「遅い会社」「変われない会社」の象徴とまず認識する

これは、はっきりと言ってしまってもいいでしょう。ハンコひとつのためにリスクを冒すことなど、ほんとうに馬鹿げているといえます。

コロナショックを契機に、ハンコ文化はすでになくなり始めています。私も某監査法人との契約において「PDFデータのメールを返信いただければ契約成立とみなします」と言われたことで、確かな変化を実感したものです。
いち早く切り替えられた企業ほど、事業のスピード感も増しているはずです。逆に、もしまだハンコにこだわっているようなら、あるいはハンコ文化が復活したなら、その企業の業績にはきっと悪影響が出てくるはずです。

大企業とスタートアップを比べたときに、よく語られるのが「スピード感の違い」です。スタートアップが物事を早く決めるのは、他の企業にスピードで負けないようにするという理由が大きいですが、本質的には、時間をかける意味も理由もないからです。

大企業では承認プロセスが多く、それだけで決裁に時間がかかるのに、年次の高い人の意見を重視するために、そちらの意見から反映させたり、関係者へ説明にまわったりするうちに、時間もムダにかかってしまいます。

私は大企業をクライアントとして仕事をすることもありますが、普段はメンバーの一人としてスタートアップで働いています。その体感からすると、**大企業で1年ほどかけるような内容を、スタートアップなら15分で決めてしまう**こともあります。

たとえば、ある大企業の事例では、業務プロセスのペーパーレス化で議論が始まると、どんどん関与する人が増え、社内政治も絡んでくる。わずかな調整にも週単位、年単位の時間をかけていました。どんどん、話がオオゴトになってしまうのですね。

これがスタートアップなら、社長を含めた決裁者が責任を持って実施を決めるだけですから、ものの数十分で片がつく。万事がこの調子なので、大企業育ちの私は驚くこともしょっちゅうです（今はもうこのスピード感にも慣れてしまいましたが）。

大企業でも「決まりだから仕方ない」と慣習に唯々諾々《いいだくだく》と従うだけでなく、変えるべきは変えていかなければいけません。もし、そのままにしておくと、基本的には物事は「遅いほう」に引力が働きます。

ハンコも不要、承認はオンラインで、見積もりも契約もハードコピーは取らずに進める。会社の生存競争に勝ち残るためにも、**上からも下からも社内ルールの変更を推進すべき**です。

一方で、スタートアップで仕事をしている人は、大企業では大企業なりの論理も働いていることも知っておきたいところです。その1つが社内政治といった、ビジネス以外の要素です。生活の安定と自分の出世を得るために、政治を重視する人も確かに存在しますし、今でも重要な価値だとみなされています。ハンコ文化も、その表れといえます。

「事前に話を通すべき人がいる」や「押さえるべき習慣がある」など、外部から見ると首をかしげてしまうような出来事にあうこともあるでしょう。相手の事情も鑑みたうえで、上手に催促することも、大企業と仕事をする際には1つのスキルといえるかもしれません。

他社と協業したり、対外関係を進めたりする際には、それらの事情を含めた**「取扱説明書」を関係者間でつくっておいて、確認し合う**ことも有効に働きます。担当ベースで、ざっくばらんに話しておくだけもいいでしょう。お互いに作業時間が見積もりやすくなり、社内政治に対しても粛々と向き合いやすくなるはずです。

とはいえ、全体の流れとしては、やはりデジタル化へ舵を切っていくことに疑いようはありません。たとえば東証一部上場のGMOインターネットグループは印鑑手続きの完全廃止を表明しました。また、ウェブだけで契約締結まで済ませられる

「クラウド契約」サービスも広まりを見せ、運営元の株価はコロナショックの最中に急上昇していました。

あなたが、顧客から紙書類の原本送付を強く求められたら、以下のような文面をメールに貼りつけてみてください。きっと目に見える効果があるはずです。

「こちらは原本というものがなく、印章もシステムで生成した当該PDFを出力するのみです。そのため、SDGs、新型コロナウイルス感染症対策、業務負荷・リードタイム軽減などの社会的要請の観点から、お客様にて出力いただくことにご協力をお願いしています。この点、ご対応可能でしょうか？ ご検討お願い申し上げます。

不可能であれば弊社のほうで出力・対応しますのでご指示ください。なお、その場合は事務手数料3000円をご請求いたしますので、悪しからずご了承ください。」

4

どうして、あんなに「紙」で仕事をしていたんだろう？

Before

会議前には大量のコピーで時間を浪費。意外とごまかされていた紙の資料

「さ、差し替えが出ました！」

川端杏奈は作業を続ける社員たちに向かって、大声で呼びかけた。あと30分ほどで会議が始まってしまうというプレッシャーのなかで、作業を続けていた手が止まる。舌打ちが聞こえた気もするが、誰から発せられたのかを確かめることはしなかった。構っている暇はない。

「いやー、しんどいね。毎度のことながら」

努めて冷静に、高木一成は組み上げた資料のコピーの束をほどいていく。この会

社では、大規模な定例会議の前には、その日の資料を若手社員が集約して組み上げ、各自の座席に準備しておくのが決まりだった。

「高木さん、私もう紙ばっかりでイヤですよう……」

弱音を吐く川端は、まだ入社して半年だった。その仕事を、すでに入社3年目の高木はまだ続けているのだ。先月は営業成績がよく、部門賞も受けたばかりなのに「当番制」は続いた。早く後輩に任せてしまいたい仕事だ。準備から会議までの数時間は気が休まらないうえに、仕事にも滞りが出てくる。

この会社は、何から何まで紙の資料がつきものだった。パソコンでデータを管理しても、提出するときには印刷してわたす。保管する際にも紙資料で、過去の帳簿や記録を探すのは一苦労。それも「探しながら目を肥やす」という名目で、若手に振られやすい仕事の1つだった。

時には、目当ての資料が「改ざん」されていることもある。高木は、参加者間で回覧するうちに発言が増減している議事録を目にしたこともある。会議では全く発言していなかった人を、議事録のうえでは、立派に意見を主張しているように見せるためだ。

高木は、それらの紙資料の「不都合な真実」に気づきながらも、追求すれば自分

どうして、あんなに
「紙」で仕事を
していたんだろう？

にも火の粉が飛ぶことを怖れ、目を背けたこともあった。

「あれ⁉　コピー機の紙のストック、どこですか⁉」

川端がまた声を上げた。コピー機の前で若手社員たちは顔を見合わせた後、自分の部署から予備の用紙を持ってくるべく走り出した。

After

資料も議事録もデジタルで作成、すぐに共有。後日の改ざんも難しくなる

大規模会議でプレゼンに臨むことになった高木一成は、ひとり、早めに会議場へ足を運んでいた。静けさのなかで、配信機材の動作や話す段取りなどを、一通り確認していく。

「頼まれてたデータ、写真に撮って送りましたよー」

会議場のドアをあけて、川端杏奈がひょっこり顔を出した。今日はアシスタントとして、高木をサポートする役割を担うことになっていた。

「お願いしてた資料、順調に見つかった？」

高木からの問いに、川端は眉をひそめて答える。

「最初、紙資料でキャビネット見たら、ふせんとかメモ書きとかで、いろいろ弁明みたいのが足されていて。変だなって思ってアーカイブのデータを見たら、なんか紙のほうの数字と合わなかったんですよ」

「あぁー……紙だけ見る人を欺くためかな。いやぁ、この会社の不都合な真実だ」

努めて冷静に、高木は送られてきたデータを確認し、自分の資料に組み込んだ。その資料をメールとチャットツールに乗せて、参加者に向けて送信する。

「ほんと、ラクになりましたよねー、会議」

「もう『差し替え発生です！』っていう、川端の大声も聞けなくなっちゃったな」

「そんなの聞こえなくていいんですよ！」

会議はリアルタイムで、社内のオープンチャットに閲覧URLが公開される。出ようと思えば誰でも参加できるうえに、配布資料もデータでアップされる。

今日の高木は意気込んでいた。過去、この会社が未曾有の天災から復興したときと現在の類似点を突き止め、その施策をプレゼンするつもりなのだ。

How To

「紙でしかできないこと」を明確にし、それ以外をすべてデジタルに

ひとり一台以上のパソコンを持ち、さらにスマートフォンを持ち、あらゆるデータをビジネスでもやり取りするようになったのに、わざわざ印刷をしていた時代の、なんと長かったことか……。

笑い話の域ですが、ある大企業では、パワーポイントのアニメーションのアクションを1つずつ印刷しなければならない決まりがあり、役員会議での配布資料がものすごい厚みになっていたそうです。

「紙資料の信奉者」も強固に居たものですが、彼らの主張はすでに「分が悪い」と言わざるを得ないでしょう。テレワークで各拠点をつないだり、当日まで参加者が確定していなかったりする環境であればあるほど、最新版の紙資料を全員の手元にそろえることは至難の業になりました。

さらに、ケーススタディにもあるように、実は**紙資料だけで記録を残そうと**

するのは、とても性善説的な行いだったとも思うのです。改ざんや紛失といったリスクも常に隣り合わせです。

会議前に共有され、絶対に見たことのある資料を突然「初見だ」と言って、意見を通さないためにそしらぬふりをしたり……といった話もよく聞きました。

これからは、しっかりと記録が残せ、バックアップも取りやすく、変更履歴も残るようなデジタルデータを、さらにセキュリティが完備されたクラウド上に保存するのが一般的になっていくはずです。

このケーススタディのように、資料のキャビネットに向かい合って、やたらと紙をめくる音も聞こえなくなるでしょう。デジタルデータは検索もずっと容易ですからね。

今後は、年表やカオスマップなど、パソコンやタブレットなどの画面サイズを超えて一覧性を確保する必要があるといった、「紙ならでは」の利点を活かせるものを除いては、すべてデジタルデータで完結していくべきでしょう。

それでも紙資料にこだわりたいのであれば、それは付加価値を産まない行為でしかありませんから、**印刷や製本といった作業は「受益者本人」が実施すべき**

です。他人に任せず、あくまで自分が欲しいからするなら、まだ許されます。まさか「印刷して自宅にまで送れ」などと言う人はいない……と信じたいところです。

余談ですが、デジタルデータだと「送信側」と「受信側」で同一のデータが残りやすいことも、特徴の1つといえます。自分がメールやLINEで送った発言がハラスメントに当たるような場合、それが立派な証拠になっていく時代です。

もっとも、リアルであっても、バーチャルであっても、そもそも発言には気をつけないといけないのですが。

5 どうして、「スーツが常識」だったんだろう？

Before

Tシャツで働くとか、あり得ないだろ！

「まったくなんなんだ！　あいつらの格好は！」

打ち合わせを終え、玄関口から出て数分。曲がり角を越えたところで、ネクタイをきっちりと上まで締めた原悟は、スーツの裾を払い、吐き捨てるように言った。

今日はあるスタートアップとの打ち合わせで、サポート役の平尾恵介を連れて、真新しいビルの一室を訪れていた。新興企業のなかでも勢いがあり、大きな資金調達も実施し、サービスも革新的。たしかに、協業先としては魅力的だ。打ち合わせが始まるまで、原も気合いの入った様子だった。ところが、会議室に現れた相手の姿を見て、原は言葉を失った。

誰も彼もがTシャツにジーンズやハーフパンツ、靴もスニーカーやサンダルだった。「身につけるものも仕事のクオリティ」という価値観を持つ原は、そこからの話には乗り気になれなかった。

同行した平尾は、彼らの格好はそれほど気にならなかった。「最近はそういうスタイルもあるだろう」と思うくらいだった。

それだけに、原の憤りを感じながら、平尾は心のなかでは首を傾げていた。

（別にスーツだからって、仕事ができるものでもないのになぁ……）

After

在宅勤務がマナーを変えた。スーツは「保険」の服装に

平尾恵介は、壁にかけたスーツをながめた。しばらく袖を通していない気がする。

在宅勤務やテレワークも進み、自宅にいるときにはスーツを着ることもない。自分が気に入っている着心地の良いTシャツを身につけ、好きな音楽をかけながら、

明日の提案資料づくりに精を出していた。

　ビデオ会議の時間になった。画面の向こうに映る原悟も、流石に自慢のスーツではなくポロシャツ姿だ。

「明日、訪問する先の資料はできているか？」

「はい！　もうすぐまとまるので、事前に確認してもらえるかと思います」

「よし。明日だけどな、スーツ着てこい」

「スーツですか。でも向こうも、たぶんカジュアルな格好ですよ」

「それはわかってる。だからこそ、だ。もうこのご時世で、スーツを着る理由はないし、あまり意味もないかもしれない。ただ、調べたんだが、明日の会議に出てくるのは、どうやらシニア世代の執行役員みたいなんだよ。少しでも心証を良くしておきたい」

「ずいぶん態度が変わったものだ」と感じながら、いつかのスタートアップからの帰り道での原の言葉を、平尾は思い出していた。それで成果があがるかはわからないが、平尾はスーツに袖を通すのが、どこか楽しみにもなってきた。

How To

スーツは思考停止の象徴にも。新しい「服装の選び方」が問われるように

前提として、今でも年齢や性別を問わず、その人の「信頼感」を打ち出すために、スーツが有効なアイテムの1つであることに変わりありません。個人的にもスーツという服が好きです。長く着てきたことで親しみがあることもありますが、TPOに合わせて自分仕様に仕立てたスーツは、体になじんだ「鎧」のようになってくれます。

ただ、スーツは、今まで以上に目的や状況から選ぶべきものになっていきます。

私見ですが、今後はスーツの「役割」が変わります。これまでのように月曜日から金曜日まで毎日身につけることを前提に何着も準備するものではなくなり、Beforeコロナ時代における「礼装」のような勝負服として位置づけられるのではないでしょうか。

たとえば、対面で行われる重要な競合プレゼンの場合は、スーツは信頼感の演出に効果的でしょう。入社式など多くの人前で挨拶に立つといったシーンでも、きれ

いに見えるスーツは好印象です。私自身の願望を話せば、やはりアイデミーが株式上場を果たして、証券取引所で「上場セレモニー」の鐘を鳴らすときはスーツを着たいものです。

そもそもスーツは本来、このように「仕事上の目的」を達成するために、最も適している服装であったから好まれ、選ばれてきたものであったはずなのです。

それがいつからか、ビジネスパーソンはスーツを着るべき、スーツを着ておけばなんとかなる、といったように、スーツを着ることが目的化してしまっている状態になりました。こうした経緯から、今後**「スーツは思考停止の象徴」として扱われる可能性もあります。**

昨今は仕事中の服装についての「常識」が改まってきました。主にはＩＴ関連に代表されるスタートアップの躍進、スティーブ・ジョブズのようなアイコニックな存在もあり、Ｔシャツやジーンズなどのカジュアルな服装で仕事をすることも、許容する空気が生まれてきたと感じます。もちろん軽装ならではの効率性や生産性の良さもあります。「スーツを着ているだけで良い仕事ができるわけじゃないよね」という価値観が、世論に支持されてきた影響もあるでしょう。

6月や7月になってくると、電車の中でネクタイを締めたスーツ姿の男性が、汗だくで立っているような光景がよく見られます。ただ、冷静に考えると、そこまでしてスーツを着なければいけない理由は見当たりません。

私は2008年の夏にロンドンで生活した経験があるのですが、向こうでは夏場にスーツを着ていても、全く問題ないのです。気温こそ30℃を超えることがあっても、湿度が低く、「カラッとして暑い」からです。「なるほど、スーツはこういった気候の国で愛されてきた服なのだ」と実感したものです。

日本の夏場は「高温多湿」で蒸し暑いのが常です。だからこそ、着流しや浴衣といった過ごしやすい服装も受け入れられてきたのでしょう。こういった、本人たちの努力ではどうにもならない事情のある国に、他国のものをそのまま持ってきてなじませようとするのは、やはりどこかで無理が出てくる。その点では、かつて環境大臣だった小池百合子氏がクールビズをキャンペーンで打ち出したのは、日本のビジネス環境の当たり前に一石を投じた出来事だったといえるかもしれません。

これらの流れもあったうえに、「スーツからカジュアルへ」という変化が決定的になったのは、新型コロナウイルス感染症の流行を背景に、多くの企業が取り組みを検討せざるを得なかったテレワークです。

自宅にいながらにしてスーツを着る「必要性」や「妥当性」は説明がつかないことも多く、各々が失礼に当たらない程度のカジュアルな服装をすることは、自然に受け入れられていきました。もはや、商談相手がスーツでなくても怒れない時代になったのではないでしょうか。この傾向はさらに進んでいき、仕事と服装の関連性は大きく変わる世界ができていくはずです。

たとえば、カジュアルな服装が許されるようになった社会では、スーツを着ることで実態よりもよく見せられてきた**「スーツマジック」は通用しません。**これまで仕立ての良い、高級に感じられるスーツを着ていることは、ある種の権威性を示すものでした。そもそもビデオ会議では全身なり、細部のディテールのこだわりなどは見えませんからね。スーツマジックで仕事をしてきたような人は、今後苦しい状況に立たされていくでしょう。

さらにいえば、この「スーツ問題」は、外的な環境が変わったことを機敏に感じ取り、いかに行動へ移せるのか、という意識とも関係します。

企業によっても服装にまつわる分断が出てくるでしょう。先に書いたように、現在では「スーツは思考停止の象徴」にすらなりかかっています。意図なきスーツの着用は、「思考停止で、新しい価値観に乗れない会社」というメッセージを発する可能性すらあるのです。

これからは、**服装を選ぶときの基準は、より「目的合理的かどうか」となる**でしょう。特に営業職であれば、相手先の価値観に合わせた服装を選ぶうえで、スーツではない選択をする機会も増えるはずです。

実際に、保育施設向けのICTツールを展開している企業で営業をしている方は、商談相手が保育士など「仕事ではスーツを見慣れない人」であることが多いため、ポロシャツかTシャツを選ぶと話されていました。彼はそれを「顧客視点」の一環として語っていましたが、まさにこういった考え方ができることが大切です。

余談ですが、今は、スーツマジックから、むしろ「Zoomマジック」とでもいいましょうか、ビデオ会議で好印象を与える服装にニーズがあるそうです。アパレル企業に勤めている方に聞いた話ですが、勧める洋服もこれまでとは違いが出てきたといいます。たとえば、「Zoomマジック」が効くのは、オレンジなどのはっきりした色のポロシャツだといいます。活発そうな印象がプラスされそうですよね。

もし、スーツを着たいようなシーンであれば、そこでもTシャツにジャケットを合わせるようなカジュアルな服装を取り入れたほうが、ビデオ会議の画面上ではなじみやすいようです。

ビデオ会議をよくするようになって、スーツ以上に出番がなくなってきているのが、靴です。気に入っている革靴が、めっきり稼働していないのは、もったいなくもあり、寂しいことでもあるのですが……これればかりは仕方ないかもしれません。

6

どうして、「ワード」「エクセル」「パワポ」に縛られていたんだろう？

Before

パソコンはWindows。「ワード」「エクセル」「パワポ」以外は厳禁！

転職してそうそう、日野仁美は面食らっていた。取引先からの依頼に、どのように応えていいかわからなかったのだ。

「あの――……杉山さん、すみません……」

おそるおそる、テキパキとキーボードを打っていた隣の席の同僚、杉山佳子に声をかける。彼女は入力の手は止めないままに「どうしました？」と返答する。

「新しい取引先からうちはエクセル使ってないんで、Googleスプレッドシートにしてくれって言われてるんですけど……」

「使ったことないんですか？」

「ないわけじゃないんですけど、たしかうちの会社って、Google系のサービスって全部禁止でしたよね？」

「あー……そうはいってもこっちはエクセルしか使えないし、そのつど、向こうで変換してもらうしかないですね」

と、抑揚なく杉山は言い渡す。日野はおびえながら、取引先にエクセルを送り続ける旨を連絡する。ほどなくして「面倒すぎる、なんとかならないか」とお叱りがきた。

「ほらー！　だから言ったじゃないですかぁ！」

日野は、杉山にノートパソコンの画面を見せながら、小声で訴えかける。

「私に言われましても。嫌なら管理部へどうぞ」

「転職早々でそんな波風立てたくない……」

「ちなみに、パワポで資料は作れますよね？」

「えっと、私ってふだんはMacなので、KeynoteかGoogleスライドなら触ったことはありますけど……」

「うちの会社、パソコンはWindows限定だし、パワポ使えないと人権ないくらい

どうして、
「ワード」「エクセル」「パワポ」に
縛られていたんだろう？

詰められるので、今から覚えたほうがいいですよ」

知らされていなかった事実を前に、日野は帰宅途中、重い足取りで本屋に立ち寄るのだった。

After

許可さえ出せば、便利なツールが自然と標準になる

「うっわ、データが変わっちゃってる。だからクラウドでやろうっていったのに！」

日野仁美は、荒ぶっていた。頑《かたく》なにクラウドツールを拒否して、ローカル環境にばかりデータを保存する部長が、確認待ちの間にデータを更新してしまったのだ。常に最新データで保存・確認できるクラウド環境なら、起きにくいトラブルだった。

これを契機に、日野はエクセルやワードといった主要なツールを、すべてクラウドベースで利用できるように管理部に掛け合った。全社統一をせずとも、使うこと自体を認めてもらおうと働きかける。

なんとか管理部を説き伏せると、多くの社員は諸手を挙げて喜んだ。誰も彼もが

先祖返りや得意先からの要望に四苦八苦していたのだ。そこからの変化はあっという間だった。使い始める人が増えれば、教わりたい人も増えていく。

率先してクラウドツールを使い、仕事の効率性では一目置かれる杉山佳子は、電話口で取引先にも導入を進めていた。

「はい、そちらの環境はみなさんMacなんですね。弊社はあいにくWindowsに限られていまして、もし差し支えなければ、クラウドでのデータ確認を……はい、スプレッドシートです。承知しました。それでは、後ほどメールでも内容、お送りいたします」

電話を切ると、ノートパソコンに向かう日野の手元に「リフレッシュ用」の飴玉を置いた。「ありがと」と一言を添える。

「日野さんが公にツールを自由にしてくれて助かっちゃった。まぁ、陰でこっそりやってたんだけどね」

「え！　杉山さんの仕事の速さって、もしかして……なんで私にも裏ワザ、教えてくれなかったんですか！」

「だって、そのほうがみんなより早く帰れて、目立つじゃない？」

杉山がほほえむ。飴玉をふくんだ日野は、形だけはふくれっ面をして見せたが、すぐに笑い出した。

How To
自分のメリットにもなるツールの導入では、決して折れない、諦めない

まずは、20年以上前の思い出話を1つ……。

私が社会人になった1997年頃は、社員一人ひとりにメールアドレスが与えられるというのは、まだ珍しい時代でした。当時いたアクセンチュアでも、全員にアドレスはあったけれど、一人一台のパソコンまでは持っていない時代です。マネージャー以上にはパソコンが貸与されていても、一般のスタッフはプロジェクトベースでのみ使えた〝ツール〟だったのです。

そういう存在としか認識されていなかったEメールは、まだまだアーリーアダプターな人たちが使っているにすぎませんでした。クライアントである企業や大学といった現場で、それらのITツールの導入を促す仕事をしていたときに言われた言葉を、まだ覚えています。「いや、メールなんて仕事で使うの？」と怪しまれたり、

文字化けが起きたときに「これじゃ使い物にならない！」と憤られたり……。

でもそのたびに、私は「いや！　必ず今後は、メールでやり取りするようになりますから、使っておいたほうがいいですよ」と折れませんでした。その後、彼らは、さも当然のようにメールを使うようになりました。

この件から学んだことは、**自分のメリットにもなるツールの導入では、決して折れない、諦めない**ということです。従来よりも便利で、新しいテクノロジーが出たとき、いつかどこかのタイミングで、必ず古い世代を凌駕する瞬間が来ます。そうなれば、社会が味方をしてくれるようになります。仕事の効率を上げ、目的達成に近づけるのであれば、多くのツールに適応して、「まずは取り入れてみる」を基本姿勢とすべきなのです。

スタートアップであるアイデミーには、若い世代だけでなく、私を含めた40代以上の「シニア層」ともいえる人材も加わり始めました。彼らには「メールはお客さんとのやり取りだけにして、社内の連絡用にはSlackを使ってください」と伝えます。コミュニケーションツールには、シニア層も自ら「合わせにいく姿勢」が不可欠です。

特に現在は、クラウドツールの伸長もあり、会社や働く人によって用いるツールが、さらに分散している傾向があります。いずれも、「より良くなるために」適材適所で使い分けをしているので、今後もその流れは変わりません。より多くの人、より多くの会社とコラボレーションをして仕事をしていきたいのであれば（つまり、それだけキャリアとしても柔軟性をもたせたいのであれば）、未使用のツールにもすぐ適応できることは、1つのスキルであるといえるでしょう。

たしかに、新しいことを覚えるのはたいへんです。似たようなツールも多い。でも、それらをひっくるめて、現在はまだまだ最適解を探す「過渡期」と捉えてもいいのではないでしょうか。スマートフォンアプリやサービスの流行《はや》り廃《すた》りがとても速いように思えるのは、若い人たちにとっては「より便利なものが出れば乗り換えるのが当たり前」だからでしょう。私たちも、その姿勢は見習っていきたいところです。

今回のケーススタディのように、利用できるツールを決め打ちすることは、そもそも個々の端末にソフトウェアをインストールしなければならなかった時代の遺物です。クラウドが登場する以前の世界観、オンプレミス（自社運用）な環境構築が前提となっています。

「情報の取り扱い」の観点からクラウドに二の足を踏む会社もあるかもしれませんが、むしろローカル環境での取り扱いのほうが危険度が高いこともありえます。クラウドなら必要な時だけデータにアクセスできますし、そもそものアクセス制限をかけることも容易です。ツールによってはダウンロードの履歴も残りますから、そのトラッキングをすることで管理もしやすいでしょう。

これも時代で変わりますが、一例としてアイデミーでは、顧客情報の管理にSalesforce、経理処理にfreee、エンジニアはGitHubを用いています。プレゼンテーションスライドも、目的に応じて使い分けています。

もはや、使用ツールを「ワード」「エクセル」「パワポ」に縛る必要性ありません。それでも縛るのであれば、ただの**惰性で使用を続けているのではないか**、と問うてみるべきです。

たとえば、私のある日のスケジュールを見てみます。この日はビデオ会議が多く、朝はWebexでクライアントと会議、そのあとZoomでこの本を作るための会議、さらにGoogle Meetでアイデミーの社内会議でした。そうしているうちにLINEでビデオチャットが入り、アイデミーのメンバーとはSlackでコミュニケーションを続けます。夕方にはFacebook Messengerで打ち合わせも行いました。

どれもこれも、目的や状況に合わせて、ツールを使いこなしているに過ぎません。いや、「使いこなす」と言うほど大げさなことでもなく、シャープペンシルと蛍光ペンを使い分ける程度の違いでしかありません。デジタルツールも、それと同じくらいにカジュアルに考えましょう。

7

どうして、仕事でSNSを普通に使えなかったんだろう？

Before

SNSなんて遊び。コンプライアンス的にもNGだ

松浦剛はトイレの個室に入ると、便座に腰掛け、スマートフォンを取り出した。用を足したい気持ちではなかった。ただ、通知で知ったFacebookグループの更新を眺めたかっただけなのだ。今日は夜に、「家電メーカー会」という名の会社外で参加しているグループで、集まる機会があった。更新を確認してみると、最終的に集まる人や場所が決まったという幹事からの連絡だ。

自分だけが見られるスマホアプリのカレンダーに、松浦は予定を書き写す。会社用の共有カレンダーには「予定あり」とだけ記しておいた。

（これくらいの作業、わざわざトイレじゃなくて、自分の席でやりたいよ……）

松浦のいる会社は就業時間中にSNSを見ることは禁じられている。スマホはおろか、パソコンで開いているのが見つかれば、何を言われるかわかったものではない。いつぞやの「お叱り」を、松浦は思い返していた――。

半年ほど前のことだ。直属の岡田課長に、別室へ呼び出された。心当たりがないまま松浦が部屋へ入ると、岡田課長はどこかぼんやりとした声で話し始めた。

「あのー……いやな、松浦が、フェースブックとかいうのを仕事中にしているって話があって、それをやめなさいと。SNSなんて遊びだから、特に就業時間中はやめろ、と」

「えっ。でも、それ、他のメーカーさんとの交流会みたいのに誘われて参加するものなので、ほぼ仕事みたいなものなんですけど……」

「私もよくはわかってないよ。わからないけど、そもそもそういうSNSに実名で、しかも会社名も出して何かを発言するのもリスクが高いっていうんでな……いや、松浦が悪いことをしているわけではないとは信じているが……」

松浦は、岡田課長を責める気にはなれなかった。この人は何もわからないが、言えと言われているから伝えているに過ぎない。いちから説明するのも骨が折れそうなので、松浦はひとまず了承して、その場を終わらせた。帰り道、松浦はそっとSNSの表示名をニックネームにし、自分の投稿やプロフィールの閲覧権限を「友達」限定に切り替える設定をした。

After

SNSによる「ゆるいつながり」が役に立つ

「なぁ、昨日、シェアしてた会議の進め方、面白いアイデアもあるもんだなぁ」

朝、松浦剛が出社して席につこうとすると、そばにいた岡田課長が話しかけた。

「あれ、Facebookの家電メーカーのグループで話題になってたんですよ」

「うちの会社からでは出てこない発想だもんなぁ。あとでちょっとやってみるか」

画期的な新商品が、なかなか生まれてこないジレンマからか、松浦たちの会社でも盛んに「外部との接点」を持つことが勧められていた。内部に閉じこもるだけでなく、見識を外にも広げよ、というメッセージだ。

それに伴ってSNSも解禁された。反対意見もあったというが、最年少の執行役

どうして、仕事で
SNSを普通に
使えなかったんだろう？

員や、社外取締役からも「イマドキ禁止しているなんてありえない」と呆れられたという噂が立っていた。

岡田課長もわからないながらに、松浦に基本的な操作方法の教えを請うて始めていた。以前に「SNSの禁止」を告げたことを覚えていたのだった。

「まぁ、オレは炎上ってのが怖いから、ほとんど見るだけだけど……」

「課長、それはそれでいいんすよ。ただのSNSですから。使い方なんて人それぞれで」

「そういうもんか。でも、昔は飲みにでもいかないとわからなかった休日のこととか、あとは子どもが生まれたとか、部のみんなのいろんなことがわかるし、おもしろいもんだ」

松浦は、そんな課長のスタンスには口を挟まなかった。変に絡まれても面倒であったし、自分は自分で「家電メーカー会」をきっかけに、すこしずつ、キャリアを変えることも視野に入れ始めていた。

(でも、まだこの会社で、やれることって結構ありそうなんだよな。迷うなぁ)

ただ、それはそれで、以前に比べればずっと、うれしい迷いだった。

How To

禁止されていても、SNSを使って「仕事に役立つ」ことを証明する

SNSは社会やビジネスへの浸透とともに、だいぶ取り扱われ方が変わってきました。スマートフォンを一人一台持つようになり、高い利便性も相まって、年齢を問わずに「SNSに明るいこと」はスキルの1つとも言いやすくなっています。

テレワークが広がり、社員が同じオフィスや時間を共有せずとも仕事を進めていくうえでは、SNSも立派な「情報共有ツール」になりえます。それに、Facebookに紐づくメッセージアプリのFacebook Messengerを、メールと同じくらいに仕事用の連絡に使うケースも増えてきました。

私が勤めるスタートアップのアイデミーでも、元IBMや元ソニーといったベテラン人材を顧問として迎え入れていますが、連絡はすべてメッセージアプリを利用していますし、情報収集の場としてFacebookなどもうまく使っているようです。もともと技術職だけあってテクノロジーに敏感だったおかげもあるかもしれません

どうして、仕事で
SNSを普通に
使えなかったんだろう？

が、そうでなくともSNSやアプリに対応している人もいます。

一方、世間を見ると、相変わらずLINEやFacebook Messengerといった、SNSに紐づくようなツールを使ってアポイントメントを取ることを「失礼だ」と考える人も、残念ながら見受けられます。

しかし、今となっては、SNSを仕事に活用することに理解のない上司や会社は滅んでいくだけです。「うちの会社は禁止されているから、なんとかしたい」説得をするよりも、そんなことはスルーして、**仕事に役立つことを実証するために行動する。**進めてしまってから報告し、その意義を早めに気づかせてあげるくらいが最短の道でしょう。


私としては、SNS上で、「公」と「私」の姿がインテグレート（統合）されてきているという点に関心を持っています。

最近は、「所属会社の見解ではありません」などと明記しながらですが、自らの会社の所属や仕事を明らかにしたうえで、SNSで発信する人も増えてきました。

私も、個人の名前で登録しているFacebookで所属会社の情報を発信したり、家庭の様子の写真を載せたりしています。抵抗感を持つ人もいるかもしれませんが、

Facebook経由で「お話を聞かせてください」という依頼が来て、アイデミーや個人の仕事の営業案件につながることも、ままあります。仕事における公私混同はあっていいですし、当然になってきているとも思うのです。

むしろ、公私混同というよりは「公私同一」というスタイルです。携帯電話の番号にしても、会社用と個人用は、だいぶ早い段階で共有していました。あえて分ける方が不便のような気がします。

もっとも、ケーススタディの懸念であがるような「遊び」の内容をメインに楽しんでいる人もいますから、所属を明かすか否かをのぞいても、会社内での利用について一定のモラルは求められます。また、会社で見せたい自分と、プライベートの自分を明確に分けたい人に、公私同一を求めてもいけません。

ここで考えたいのは**「目的への合理性」**です。大型台風が接近していても定時に始業する。世界的な緊急事態にもかかわらず、ハンコを押すために出社する……これらも「目的への合理性」から考えると、厳しいと言わざるを得ません。SNSも同様に「SNSで何をしているのか」をよく知り、見ることが大切です。

SNSが情報の取得や発信、他社人材との交流といった目的に対して非常に効率的で、合理的な存在であることは疑いようがありません。ちなみに最近では、人事の世界では、採用候補者のSNSを一応チェックすることも当然のようになっています。一方で、「今回はご縁がなかった」ような人が、数年後にあらためてSNSを通じて採用に至ったこともあるといいます。

おそらく、それでも「否定派」の最後の牙城は「炎上リスク」でしょう。たしかに社員のSNSがトラブルの原因になることもあります。ただ、それでも禁止するデメリットのほうが大きいと考えます。むしろ、会社としてはSNS運用の教育にも本腰をいれたほうがいいでしょうし、会社としての方針を定めることも必要です。SNSのいち側面だけを捉えてNGにするのではなく、事前・事後の対策を講じて、魅力的なメリットを受けられるよう考えてみましょう。

8

どうして、あんなに「会社飲み」があったんだろう？

Before

上司からの頻繁な誘い。たしかに仕事に役立つこともあるけれど……

時計の針は間もなく6の数字を指そうとしている。入社8年目の早坂直樹もノートパソコンを閉じた。妻が子どもを保育園へ迎えに行ってくれる日なので、自分は足りなくなった日用品を買って、急いで帰らねばならなかった。

「早坂、仕事は片付きそうか？　終わったら一杯行かないか」

「あっ、野杉部長。えーっと……今日、ですか」

早坂はスマートフォンをちらりと見て、答えをにごした。妻からのメッセージ通知には、買ってきてほしいもののリスト、という文字が見えていた。

「いやぁ……せめて前日までに言っておいてもらえると助かるんですが……当日だと、ちょっと妻にも話さないといけなくて」

野杉は、つれない返事に、いくらかムキになった。自分が早坂くらいの年齢だった頃、上司のお誘いは「絶対」だった。自分も妻に急いで連絡をして、謝った記憶が蘇る。

「まぁ、いいじゃないか。少しくらい遅くなっても大丈夫だろう？」

「いやいや、いつも少しって言って、結構深い時間になっちゃうじゃないですか」

「営業の飲み会は仕事みたいなもんだ。この前、部の飲み会にも顔出さなかったし、仕事の話もしたいから、まっ、行こうじゃないか」

たしかに、部長との飲みで聞いた話は、仕事に役立つこともしばしばある。

「仕事だとしたら、残業代出ますか？」

「はっ？　残業代？」

「ははは……冗談ですよ……それじゃあ、ほんとに一軒だけですよ！」

椅子にかけてあったスーツの上着を手に、早坂はスマートフォンで妻にメッセージを送る。ようやく帰れたのは、日付も変わろうかという頃だった。

After

飲み会よりも、「おやつ会」「リモート飲み会」の時代に

時計の針は、3の数字を指そうとしている。今日は部署内で集まり、1時間の「おやつ会」が開かれる日だった。時短勤務の人も、残業気味の人も、飲み会好きな部長も、誰もが参加しやすい会として企画されたものだった。

「早坂、仕事は一旦落ち着きそうか？」

「あっ、野杉部長！　大丈夫です、すぐ行きます」

早坂直樹はノートパソコンを閉じ、「ご自由にお取りください」と張り紙のしてあるクーラーボックスからアイスクリームを取り出す。いつも買うものよりリッチなものだ。それだけで気持ちもすこし高まる。

野杉部長は全員の前に立つと、今日の「おやつ会」に際して、ごく短い挨拶を述べた。もし、改善したいところや、より良いアイデアがあったら、いつでも伝えてほしいと呼びかけている。

早坂は、同期入社だが、今は子育て中で時短勤務をしている同僚と話をした。外

どうして、あんなに
「会社飲み」が
あったんだろう？

回りも多いせいで時間が合わず、最近はあまり話せていなかったのだ。話していて浮かんだアイデアを、早速、野杉部長へ伝えに行く。

「部長！　おやつ会もいいのですが、たまにはお酒も飲みたいでしょうから、今度の上半期の締め会はリモート飲み会でも開いてみませんか？」

「なるほど、それならみんなも、参加しやすいかもしれないな」

「せっかくなら、みんなで同じおつまみや飲み物を揃えてみるのはどうかなと」

「面白い案だな。よし、次はそれでいこう。幹事と相談してみる」

妻にお願いはしなくてはならないが、気持ちはずっとラクだ。早坂は、やや重荷に感じていた上半期の最終日を、ポジティブに見られるようになっていた。

How To

飲み会が果たしていた機能を意図的に補完する

ケーススタディでは部下の彼も、飲み会をかわそうと必死……あちこちの職場でもひっそりと繰り広げられている攻防戦でしょう。

私が大学を出てから電通に勤めた1997年頃、職場での飲み会は日常茶飯事でした。会社を21時に出たら、基本は得意先を交えた「接待」の飲み会を経て、午前3時頃に社員寮へ帰る生活です。次の日も、新入りは早めに出社しなければいけませんでしたから、体力的にもかなり苦しかったのを覚えています。

ただ、先輩には「飲み会で得意先や同僚とネットワークを作り、情報を取ってきなさい」とも言われました。たしかに、その意識で参加してみると、広告企画の裏話や名物社員の伝説的なエピソードなど、仕事中では耳にできない情報も数多くあったように思います。言い換えるならば、良くも悪くも、口伝のような形でスキルの交換が行われていたのです。先輩たちが自分の失敗を反面教師とすべく、語ってくれた面もありました。

「飲みニケーション」という言葉があるように、飲み会でコミュニケーションの量が増えるのは間違いありません（質は参加者に左右されますが）。身振りや手振り、話し方といったノンバーバルコミュニケーションも含めると、業務時間中だけとは比べものにならないほどの量が得られます。

たしかに、飲み会を経て、上司や同僚の異なる一面を見ることで、翌朝から打ち解けられたり、付き合い方が良い方向へ変わったりすることもあります。それには

「量」が効いたといえるでしょう。

翻《ひるがえ》って、働き方が多様化し、テレワークも推進されるようになった現代では、時間や環境を問わず、誰でも働ける組織が求められています。ところが、そういった組織では、1つの問題が起きやすくもあります。それは、社員間のコミュニケーション「量」に差が生じやすいことです。

たとえば、従来型の飲み会の多くは夜に開催されます。育児などの理由で時短勤務をしている人は、参加さえ難しいケースが珍しくありません。飲み会がインナーサークル的になり、その場でだけ人事情報がリークされたり、機密性の高いネットワークが形成されたりすると、社員間の情報格差や不均衡につながりやすくなってしまいます。

最近ではそれらを防ぐために、各社の模索が続いています。「出社していても、会議はすべてオンラインで行う」という取り決めをしている企業もあると聞きます。リアルで話せる人と、リモートで参加する人で、情報の不均衡を起こさないための工夫ですね。

とはいえ、やはり「飲み会をしたい！」という声も根強くあります。

そこで最近では「飲み会も仕事」という社員の気持ちを汲み、実際に残業代をつけるケースもあるようです。

全てにおいて適用するのは難しいと考えますが、現代では「残業代ありの飲み会」も実施されていることだけは知っておいてもいいでしょう。

また、「アルコール・ハラスメント」という言葉もあるように、特に上司世代は酒席での振る舞いにも一層気をつける必要があります。飲み会の相手も、得意先や出入り業者など、職場や職種を超えるような人ならば価値も生まれますが、社員同士の飲み会が常態化しているようなら、過度な開催は考えものです。まして、交わされる会話の中身が愚痴ばかりなら、なおさら気をつけましょう。愚痴には前進性がないからです。そこへ若い社員を巻き込んでしまえば、彼らのモチベーションを削《そ》ぐ可能性さえあります。

これから大切にすべき観点は、**飲み会が持つ機能や効能は認めておきながらも、開催する時間や方法に工夫をこらす**ことです。

私がＩＢＭ時代に実施したのは「17時開始、19時解散」の飲み会です。時短勤務の方でも顔を出しやすく、終了も早いために翌日にも響きにくい。「仕事の一環」

ともいえる時間帯のため、飲み会に抵抗感のある社員にも説明がしやすい良さもあります。

ケーススタディのように、飲み会の代わりに「おやつ会」を開くのも手です。15時頃に、少し値の張るアイスクリームをテーブルに広げて会合するだけでも、特に女性からは歓迎する声をよく聞きましたし、業務中とも異なるコミュニケーションが確かに生まれました。

飲み会によって、スキルの交換やコミュニケーション量に差が出ることは事実です。ただ、開催時間や方法を変えるだけでも、本来的な目的は果たせるはずです。

余談ですが、私のはじめての著作『99%の人がしていないたった1%の仕事のコツ』に寄せられた感想で「昔なら飲み会で聞けるような話も多かった」というメッセージがありました。あの本から、そのような印象を受けたという事実は、これまで飲み会が果たしていたような機能を担うものがなくなってきている、という証拠かもしれません。

組織力をアップすべく、もっと「飲み会のような会」を上手に開いていくことが、マネジメントや人材教育の観点からも必要だといえるのではないでしょうか。

9

どうして、「お客様は神様」だと思っていたんだろう？

顧客からの無理難題に応える力が評価された

Before

田原稔は打ち合わせのテーブルで、答えに詰まっていた。

「明日までですか？」

「そう。できない？」

時計をちらりと見ると、すでに15時を回っている。今からの「明日」だと、これから会社に戻ったあとすぐに調整を走らせるにしても、非常にシビアな状況だ。

「そうですねぇ……」

あっさり受けないことは、発注側の徳田雄一もわかっていた。わかってはいたもののの、受けてもらえないことには、自分も怒られてしまう。もっとも、本来はもう少し余裕をもって発注することもできたのだが、それは黙っていることにした。

「まぁ、厳しいことはわかるんだけど、なんとかしてよ。なんとかなるでしょ？お客様は神様の精神で頼むよ、ね！」

徳田としても、引くわけにはいかない。先輩からも「押せばなんとかなる」と念を押されていた。

「おかしいなぁ、前の担当者は、これくらいの時間でも平気だったんだけど」

「……い、いえ！　大丈夫です、いつもありがとうございます」

（今日は残業どころか、終電でも帰れないかもなぁ……）

笑顔が少しひきつっていたかもしれない。田原は頭を下げ、顔をさすった。

After

顧客とも対等の関係に

「え、できない？」

「はい。今からの時間では、明日は難しいです。これまでもかなり無理はしていましたが、さすがに難しいものは、難しいと言わざるを得ません」

徳田雄一は、当然のように受けてもらえると思っていた発注が断られ、面食らっていた。

「いやいや、お客様が言ってるんだよ。なんとかしてよ」

「いえ、弊社も方針が変わりましたし、前回にも『これで最後』とお伝えしたはずです。現場としても負荷が増えるのは避けたく、通常の納期でしたら対応します」

毅然として答える田原稔は、内心、どこかでホッとしてもいた。働き方改革の波もあり、会社全体で受注や仕事の進め方にも変化が起きていた。新しい役員の方針は、「クライアントとともに高めあい、クライアントとともに繁栄する」だった。

「今回のご依頼を受けてしまうとイレギュラーを作ってしまいますし、稼働費を考えるとうちも厳しいんです。ご理解ください」

田原はサッと頭を下げた。徳田の顔は見えていないものの、ピリッと張り詰める空気は感じていた。

How To

サステナビリティを意識し、価値労働へシフトする

かの有名な「お客様は神様」というフレーズは、演歌歌手の三波春夫氏が自らのパフォーマンスを高めるための心がけとして用いたものといわれます。歌う時には「神前で祈るときのように、雑念を払ってまっさらな、澄み切った心にならなければ完璧な芸をお見せすることはできない」と考えていたからこそ、聴衆たるお客様を神様に見立てて歌ったところから来ています。

つまり、このフレーズの意味するところは、あくまで提供者の心構えの問題であり、顧客側からの視点ではなかったわけです。それが曲解され（もしくは、都合よく解釈されて）、顧客の側が神様を自称するようになってしまったわけです。

この顛末はさておき、私が常日頃から思っているのは、顧客（発注側）と受注側は本来、対等な関係のはずだ、ということです。

海外で仕事をした際に見聞きした経験でもあるのですが、向こうでは契約書こそ

が正義であり、記載されていないような無理難題を顧客が吹っかけてきたら、受注側がその場ではねのけてしまうといったことは、普通に起きます。

ＩＢＭのメンバーとして、イギリス最大のエネルギー企業であるブリティッシュ・ペトロリアムとの商談に同席したときのことです。ブリティッシュ・ペトロリアムの求めに対して、英国ＩＢＭも「それは契約外だ。できる範囲にはない」などとはっきり主張をするので、時に激しい言い合いになりました。しかし、ブリティッシュ・ペトロリアムは、受注側であるＩＢＭが厳しい言葉を使っても、それ自体には立腹する様子もない。彼らの根底には「相手が主張をするのは当たり前」「価値があるものに対価を払う」という思想がありました。

ところが日本の場合、その根柢となる思想がなく、「客のほうが上位である」という関係性が前提となってしまう。料金面を含めて、無理難題に応えることも一種の美徳のように扱われていました。これが結果的に受注者側を疲弊させ、モチベーションを奪い、顧客に対するロイヤリティ低下の原因になっています。

そもそも、なぜ顧客は受注側から「安く買おう」とするのでしょうか。

背景には、日本で長く力をもってきた製造業の考えがあるのではないかと思います。製造業のようにコスト（原価）を重視する世界は、原料を安く仕入れ、加工して高く売ることが、収益性を上げるポイントです。

一方、現在のビジネスの多くはサービス業にあたります。サービス業では、わずかでも高く値付けされたほうがサービスの提供者はやる気を出しますし、その分だけ価値も高くなるはずなのです。

こうした違いを理解しないままに値下げを要求しても、いたずらにやる気を削いでしまうだけです。

良好で対等な関係こそがサービス業において重要なのに、安く仕入れるために買い叩いたり、「お客様は神様」のような偏った上下関係を優先しようとしたりするから、種々のプロジェクトがうまくいかないのです。相手が買い叩こうとするならば、どこかで「安かろう・悪かろう」にしなければ割が合わない。そのサイクルはサービス全般の品質低下につながり、結果的に社会を停滞させてしまうことになります。

考えるべきは、顧客と受注者が**「共通の目的」**を持つことであり、**サステナビリティ（持続可能性）**です。サービスの品質を衰えさせないためにも、継続して相手を評価し、その対価をしっかりと払う。両者が良好かつ対等な関係を結ぶことが、サービス業からの価値を受け続ける意味ではポイントになります。

では、顧客と受注者は今後どうすれば「共通の目的」を持ち、サステナビリティを実現していけるのか。

ポイントになるのが、「はじめに」でも挙げた**「価値労働」へのシフト**です。

まず変わるべきは顧客であり、「プロに対する敬意」を前提に、目先の値段に振り回されるのではなく、もっと本質的な「価値に対価を払う意識」で受注者と向き合うことです。

さらに受注者も、顧客が言うことにそのまま合わせず、「なぜなのか」をしっかりと問い返す。言われるがまま機械的に行動するのではなく、「Why」と「Because」を繰り返しながら、自分の頭で考えて答えを導いていく。

実際に、そうした変化の結果ともいえるのではないか、という社会的事例も出てきています。たとえば、2020年5月から7月現在まで、インターネット広告大手のサイバーエージェントが、電通グループを時価総額で上回っています。2020年の東京五輪開催が見送られたことなど、要因はさまざまあるとは思えますが、この2社のビジネスへの向き合い方を鑑みてみると、私には納得できる面もありました。電通は、まさに旧い会社らしく顧客からの無理難題の対応力で伸びてきた会社です。一方、サイバーエージェントは価値にフォーカスしやすいネット広告、そしてソーシャルゲームなどのサービス業を伸長させ、IT市場で価値を発揮してきました。

特別な権力関係を維持し続けることに苦心してきた電通と、顧客や社会に対して価値を提供することの対価を得てきたサイバーエージェント、と言い換えることもできるでしょう。

さらに、2020年5月に、日本の全上場企業における時価総額で、キーエンスが2位を記録したのも象徴的な出来事です。キーエンスの魅力は50%を超える高い営業利益率にあるともいわれます。それを支えるのは合理的な社風と、まさに顧客に認められ続ける商品の「価値」にあります。

顧客と受注側が、一緒に「価値」を作り出すような、良好で対等な関係を築き上げていく。そのためにも価値労働にお互いにフォーカスをしていく。いま好調な企業を見ても、この流れはいっそう日本に求められているのではないかと感じます。

10

どうして、あんなに「空気」ばかり読んでいたんだろう？

Before

上司がつくる「空気」で、結論が決まっていた

会議室の重たい空気のなかで、村上亮太は窒息しそうだった。

先ほどから、部長の安田一夫がひどい剣幕でまくしてていたからだ。四半期に一度の営業戦略会議……というのは表向きの顔。現場からはもっぱら「安田劇場」と呼ばれるほどに、安田部長の演説を聞くだけの会だった。

（あぁ、またこの季節がきたんだな……）

入社3年目に初めて参加した頃、村上は、この会議での安田部長の熱さに感動していた。自分が知らないレベルの仕事を安田部長から教えられているような気持ち

だった。ところが、季節がいくつか過ぎ、社内に「縦のつながり」ができていくほど、この会議で安田部長が発している言葉に違和感を覚え始めた。

「だから！　あの取引先は重点的に関係を築くべきだと言ってるんだ！」

「しかし……最近は業績もあまり振るわず、予算も縮小傾向にあると……」

「あそこは必ず復調する。オレは先方からも情報を個人的に得ているんだ！」

（お、出た。個人的な情報網……でもそれ、仲のいい飲み友達がいるだけなんだよなぁ）

村上は冷静に、責められている後輩の弱り顔を見ていた。彼が推す取引先は新興企業ながら、我が社を重要なパートナーとして認知してくれている。長期的な関係が築ければ、数年後に化ける可能性もあった。客観的にみれば、後輩の言うように、安田部長が担当する取引先よりも重視すべきだ。しかし結局は、安田部長の「息のかかった」取引先を軽視することなんて、できはしないのだ。

（根回しが足りなかったな。そういえば、オレも最初は……）

安田劇場は開幕したばかり。今日の会議は、長引きそうだ。

After

ビデオ会議でどなっても「ミュート」にされるだけ

四半期に一度の名物会議、安田部長による「安田劇場」も、コロナショックには勝てなかった。リモートでビデオ会議が開催され、最初はそれぞれが戸惑ったものの、定常開催ができるようになった。村上亮太は、かつてあの会議室で繰り広げられていた劇場の、重くて息が詰まる感じを、すこし懐かしくさえ思っていた。

画面の向こうでは、安田部長の剣幕は変わっていないように見えた。彼は彼なりに役割を全うしているとさえ思う。ただ、村上の耳に、その剣幕は届かない。パソコンのスピーカー音量をオフにして、「セルフミュート」にしているその向こうでは無声映画のような光景があった。村上は足元でじゃれてくる愛猫を軽く撫でてから、深呼吸をひとつする。

スピーカー音量を上げながら、村上は「部長、お言葉ですが」と切り出した。

「ん？　なんだ、村上」

「今その新興企業にしっかり入り込めれば、数年後の利益への期待値は大きいと考

どうして、あんなに
「空気」ばかり
読んでいたんだろう？

えます。会議前にお送りしたデータをご覧ください」

「そんなもの見なくても、だめなことはわかる！」

「いえ、ご覧いただかなくては困ります。それは、私とチームメンバーとで、この企業の成長性と将来性をまとめた資料です。むしろ、部長が推す企業を攻めるべき根拠が、心もとないように感じられます」

「それは……」

「担当の彼がこのデータに触れながら話せなかったのは、私の指導が甘いせいです。それはあとで反省しますので」

安田部長はこちらをじろりと見たが、村上は動じなかった。愛猫が、まだ指先でじゃれている。

How To

「空気」ではなく、本質的な意見に常に着目する

空気を読むのは、悪いことではありません。その場の背景や文脈を解釈して、自

分なりに「言うべきこと」や「なすべきこと」を精査するのは、TPOに合わせる「大人としての振る舞い」としてみなされることも多いでしょう。

ただ、読むべき空気と、本当は読まなくてもいい空気と、どちらもあったのが真実です。特に会社の中においては、後者の空気が色濃く漂っていました。

そうした会社の「空気」がどのように変化したのかは、部下から上司、上司から部下、それぞれの視線で見ると、わかりやすくなります。

まず、部下から上司のケース。

たしかに私も、これまで働いてきた会社で上司の顔色をうかがうことは、幾度となくありました。みんな表情や仕草をよく見ていて、同僚たちの間でも「機嫌が悪いとき」の情報はよく共有されたものです。

しかし、今となっては、「いったい何のために上司の顔色をうかがっていたのか？」と感じるほどに、読むべき空気を感じとれなくなってきたのではないでしょうか。上司というだけで自分の生殺与奪権まで握られていたような感覚も思い出せないはずです。

テレワークなどで各々が自律分散的に仕事を進める環境においては、**人と人の**

間に流れる「読むべき空気」はなくなります。また、上司の理不尽や不機嫌に付き合う必要もなくなり、働く側からすると「まともな上司」だけに向きあいやすくもなりました。返答や仕事の優先順位も自ずから設定でき、優先度の低い上司や会社とは距離をとりながら付き合うこともできるはずです。

つまり、それだけ不要なバイアスがかかりにくくなり、部下としては本来やるべき仕事に向き合いやすくなったといえるでしょう。言わば「感情労働」が減るわけです。その分、仕事の成果や進捗については、言い訳もできにくくなるわけですが。

一方で、これまで「空気を読むのが得意だった人」は得意分野を変えざるをえません。

自分を見つめ直し、今まで「空気読み力」に頼っていたと感じるようであれば、仕事の目的や価値といった、より本質的なところでの貢献ができるように、スキルやワークスタイルの見直しを図っていくチャンスだと考えましょう。**上司の「意」に沿った上辺だけの言葉ではなく、目的に合致した本来的な「意見」を伝えることで、信頼を勝ち得ていく**のです。

ただし、「上司の顔を立てる」シーンがあったり、自分たちの仕事がうまく進むために「根回し」をしたりする必要性そのものは、そこまで変化があるとは感じません。画面の向こうにいるのは「人」に変わりありませんし、意思決定には感情が混じります。オフィスでの雑談から根回しを始めにくくなっただけに、1on1ミーティングなどを上手に使いながら、コミュニケーションを図る心がけが必要です。

そして、上司から部下へのケース。

私が若い頃は、いまよりも会社は「読むべき空気」に支配されていたと思います。「自分も年齢が上がっていけば、あんなふうにおじさんらしく振る舞って、ラクに過ごせるんだろうか」と淡い期待を抱いてきたのですが……前述のように環境が激変してしまい、甘い夢も消え去りました(笑)。

まず、今回のケーススタディのように、**「いいから取り組め」「だめなものはだめだ」といった押し付けの論法では、部下に動いてもらうのは難しくなるでしょう。**理屈をわかってもらわなければ、相手が話を聞いてくれない流れは、今後も加速していきます。

言わば、あなたの振る舞いも含めて、空気や威厳で支配していた部分が抜け落ち、ビジネスパーソンとしての「実態」が見えやすくなってくるのです。

これまでは会議でも、大きな声で居丈高に主張する人がいると、その空気に場が支配されることもしばしばでした。それが通じなくなったことで、参加者がより冷静に内容を吟味できるようになったといえるでしょう。

このように「成果で測る」という指標が整ってくることで、従来とは「問題社員」の基準や価値観が変わってくることさえあるかもしれません。「これまでの会議では発言しなかったけれども、実は秀逸なるアイデアマンだった」という逆転のケースもあれば、「声が大きいだけで、実態が伴っていなかった」というケースも出てくるはず。

いずれにせよ、もう会議で怒鳴るような「恐怖政治」は成立しません。空気を読むのではなく、目に見える成果を表すことで、価値を発揮していけるようになりましょう。

11

どうして、男女でパフォーマンスに差があると思っていたんだろう？

Before

女性は男性よりも、
どうしてもパフォーマンスが下がるよね

「あー……鶴田さんね……いや、別に悪いとかじゃないんだけどさぁ……」

自分の名前が給湯室から聞こえてきて、つい足を止めてしまった。言葉の続きも気になって、給湯室からは見えないところで、鶴田由貴はそっと聞き耳を立てる。給湯室で会話をしているふたりがいる。声の主の片方に鶴田は思い当たった。どうやら上司の吉川俊夫らしい。

「お子さんもまだ小さいでしょ。時短勤務だし、マネージャーとかは無理じゃないかなぁ……え、本人は希望してたはず？　うーん、いやぁ、オレもその希望は聞いたんだけど、やっぱ子どものことでパワー取られたりするだろうしさ」

会話の相手は同期か、あるいは後輩か。吉川はだいぶ言葉を選んではいるようだが、率直に言えば、鶴田をどうにかマネージャーに選抜しない道を探っているらしかった。

（……いやいや、時短って言っても半日とかじゃないし、むしろマネジメントに回れるなら時間内にバリバリ進行できるんですけど⁉）

心の内で鶴田は反論したが、まだ声には出さないでおいた。会話は続いている。

「あと言いたくないけど、なんだかんだ、やっぱ女性は管理職向いてないって。うちもそうだし、他の会社でもいないっていうのは、そういう理由なんじゃないの」

その言葉に、いよいよ我慢がきかなくなった。大きく咳払いをしてから、鶴田はすっと給湯室に姿を見せた。

「え、あれ、鶴田さん⁉」

「吉川さん、今から打ち合わせしません？　これからの私たちのチームについて」

努めて冷静な声で、だけれど確固たる意志を込めて、鶴田が伝えた。吉川は、乾いた笑みを浮かべながら、小さくうなずいた。

After

女性の社長も管理職も、当たり前の存在に

「あー……鶴田さんね……いや、オレはできると思ってたよ、うん」

お茶をいれようと給湯室へ向かおうとするところで、自分の名前が出てきて、つい足を止めてしまう。それほど時間もないのだが、休憩がてら、この状況を少し楽しんでみようと鶴田由貴は思った。給湯室で会話をしている人の中に、上司の吉川俊夫がいるようだ。

「時短勤務でも全然問題なし！　むしろお母さんパワーっていうのかなぁ、若い世代からオレたちおっさんまで、みんな鶴田さんの言うことには、なーんか救われちゃうっていうか。もともと仕事ができる人だしね。オレはわかってたよ」

（まー！　図々しい！　私をマネージャーから外そうとしてたくせに）

心の内で鶴田は舌を出す。かつて、周囲の反対も押し切って、成果で示すことを条件に、当時では珍しく「時短勤務の女性マネージャー」に昇格した鶴田は、確かな働きを見せた。チームのミーティングを、子どもを寝かしつけた夜にリモートで

どうして、
男女でパフォーマンスに
差があると思っていたんだろう？

やらせてもらうなど、メンバーからのサポートも受けているが、予算の150％達成を果たしたのだ。今ではその動きが評価され、社内には女性管理職の数もグッと増えていた。

「なんだかんだ、女性にも管理職に向いてる人はいるんだろうな。他の会社でも、それこそ女性社長だって出てきたし。現場で頑張りたいタイプの人を据えて無理させるより、全然いいよ。まぁ、オレはそうするべきって訴えてたんだけど……」

その言葉を、給湯室からの「さすが吉川さんですね！」という尊敬の声が追いかけてきたときに、いよいよ笑いがこらえられなくなった。大きく咳払いしてから、鶴田はすっと給湯室に姿を見せた。

「え、あれ、鶴田さん⁉」

「吉川さん、あのときのご英断、感謝しております」

鶴田は、わざと大きく笑みを浮かべてみせた。吉川は慌てながらも、自分の取り巻きがいる手前、胸を張って見せていた。

How To

テレワークで仕事の性差はさらになくなる。サポートは男女差なく必要な人に

いわゆる「男女雇用機会均等法」が施行されたのは1986年、それ以降も職場における男女差は時代とともに論点になってきました。日本初のセクシャル・ハラスメントに関する裁判は1989年の提訴であり、職場の中だけに押し込められていた実態が、世の中も知れわたるようになりました。

2010年代の後半には、SNSで国内外に広まりを見せた「#MeToo」運動や、日本の職場で女性が履くべき靴としてハイヒールやパンプスを義務付けていることに疑問を呈した「#KuToo」運動が起きるなど、職場のあちこちに課題は残ったままです。

先日、ある若い女性から妊娠の報告とその後の働き方の相談を受けました。彼女は転職して間がなく、「自分は復帰して働けるのか」といった不安もあったようです。私は「当然、働くべきです」とすぐに答えました。今の若い世代においても、

妊娠出産はキャリアをかけなければならないことのままであると、改めて認識させられたのです。

そもそも、仕事における優秀さに男女差がないことは、以前より変わっていませんし、今後も変わらないでしょう。今は歴史的にアンフェアだったものを、正しく戻さなければいけない過渡期です。

問題は山積み……ですが、コロナショックは、職場における男女差においても、大きな変化の起点になると思っています。


私はＩＢＭでも優秀な女性社員に出会ってきました。

一時、私は３００人ほどの部下を持つ部門のリーダーを務めていたのですが、後任を指名することになりました。９人の候補がいるなかで、仕事ぶりを評価して、最も年齢の若い女性に任せました。

ただ、彼女は出産してすぐに復帰したところで、その状況を心配する声が別のマネージャー、あろうことか人事担当役員からも聞かれました。しかし、私が本人に意志を確認すると「わかりました、やります」とサラリと答え、実際にやり切ったのです。やり切るどころか、その期間中には第二子も育て始めていました。「女性だから」「子育て中だから」といったバイアスをかけてはいけないと、改めて考えさせられた経験でした。

事実、**ヒューレット・パッカード、IBM、アクセンチュアなどの大企業でも、女性社長が出現してきました。**昨今はSDGsの観点からも、女性管理職を増やそうというアクションが起きていますが、私は、結果的に「そのほうが」業績も良いからだと捉えています。それは、ビジネスとしての数字的な成果だけでなく、さらなる女性の採用や機会の拡大、外部的な格付け機関からの評価の高まりといったことへつながります。資金調達などにも良い影響を与える意味でも、ビジネス上の論理からいって正しいわけです。

一方で、「お子さんがいる社員は早く帰してあげましょう」といったことを講演で言うと、参加者アンケートに「早く帰る人がいると、その分だけ残業するのは私たちで……」と書かれていることが、よくあります。

しかし、子育てであれ介護であれ、**社内的にサポートが必要になる可能性は誰しもあります。**性差ではなく、あくまで個人差に配慮したうえで、「やりたい」「やれる」と思っている人にチャンスを公平に手渡し、サポートすべきだと思うのです。

「性差ではなく個人差」の流れは、コロナショックを経験して以降の企業で、より顕著になると見ています。テレワークとなり、チャットツールやビデオ会議を用いていると、相手の性別がわからないままに仕事をしていることもままあります。男女を区別することの正当化がさらに難しくなってきたといえるでしょう。

某名門大学の男性教官は、コロナ禍でのオンライン講義において、女性キャラクターのアバターを使って登壇しているそうです。オンラインでは自らが望むビジュアルを用いて、その空間に存在できるうえに、そのほうが「内容」に集中してもらいやすくなることもあるでしょう。

今後、在宅勤務がさらに認められるようになれば、主として子育てを担ってきた女性の働き方の選択肢も増えます。慣例的に「女性を縛っていたもの」から解かれるため、ポジションが上がりやすくなる可能性もあります。それらの性差バイアスは、成果主義的な環境下でさらに外れていきますから、良い方向に進んでいくでしょう。またリモート勤務ではほとんどのコミュニケーションをデジタルで記録することも可能ですから、女性を苦しめていたセクシャル・ハラスメントも減少していくはずです。

12

どうして、「転勤命令」に従っていたんだろう？

Before

会社員なら転勤命令は絶対。従わないなら退職も覚悟

「えっ、それ本当⁉」

帰宅するなり、黒木弘明から衝撃の事実を聞かされた妻の穂乃果は、声を上げた。

妻の大声に、黒木もびっくりしてしまったが、無理もないことだと思えた。

「辞令が出て、福岡に転勤だってさ」

夫婦は東京の郊外に家を買い、住み始めて1年も経ってはいなかった。子どもは幼く、保育園で友達ともなじみ始めていたところだった。

「いつ帰ってこられるの？」

「わからない……2年で帰ってきた先輩もいるし、5年行ったままの先輩も……」

黒木の会社では地方支社の赴任もよくある話ではあった。そして、拒否することも難しかった。辞令は絶対で、背くならば辞職しかありえない。この会社一筋で仕事を続け、40歳を目前にした自分に、今から全く別の会社へ転職する自信もはっきりとは持てなかった。

「……単身赴任しかないか」

黒木は、小さくつぶやいた。その言葉で、穂乃果は察するしかなかった。自分たちの置かれた状況を思えば、うなずくしかなかった。

「福岡くらい大きな街なら、わざわざ東京から転勤させなくとも、地元に誰かいい人……いそうだけどなぁ」

夫婦はその晩、福岡の暮らしを思いながら、不動産仲介のウェブサイトをながめてみるのだった。

After

オンラインで多くの仕事が完了。転勤のない会社に人気が集まる

「おかえり！　よかったね、思ったより早くて！」

出迎えた妻の明るい表情に、心の底から黒木弘明はホッとした。

辞令から2年が経ち、福岡への単身赴任から黒木は東京に帰ってきた。休みにはしばしば東京とも行きつ戻りつしていたが、やはり自宅の空気は違った。あたたかい、と思った。

「ごめんな、保育園のこととかも、いろんなこと任せてしまって」

「ううん。その分、福岡で頑張って、昇進もして、すごいと思ってるよ」

妻のねぎらいが素直に嬉しかった。黒木はスーツを脱ぎながら、2年の間にすっかり様相が変わったビジネスの環境を思った。テレワークやビデオ会議が浸透し、遠隔地の相手ともやりとりする機会が増えた。黒木の会社も従来のオフィスを縮小し、辞令による転勤はおろか、出張の機会も激減していた。

福岡にいるときから、黒木はその変化を目の当たりにし、自分もなるべく早く東

どうして、
「転勤命令」に
従っていたんだろう？

京に戻れるように画策を続けてきた。加えて大きかったのは、会社が新卒採用で、「転勤あり」とすると大変苦戦するようになったことだ。今の若者は、年収よりも住む所を自由に選べることを重視するらしい。

そこで黒木は、福岡支社では人事にも関わり、現地採用の強化を続けた。その結果、九州各地からやる気に溢れた人材が揃い、東京に負けず劣らずの成績を上げるなどして、福岡支社は会社の注目の的になったのだ。その手腕を評価され、東京での人事領域のテコ入れを任されることになった。

「もう東京から動くことはないだろうし、現地に行く理由もなくなった。これからは家族の時間を増やしていこうな」

その言葉に、穂乃果は笑顔でうなずいた。

How To

人材獲得のためにも、明確な理由のない異動や転勤は撤廃すべき

転勤には、私も並々ならぬ思いがあります。電通で中部支社に転勤命令が下らな

ければ、今でもそのまま仕事をしていたかもしれませんから……。

人事系の仕事が長かったこともあり、日本企業の人事部門の方から「定期的に数週間かけて、異動計画を調整するのが忙しく、効率化する方法はないか?」と相談を受けることがあります。それに対して「何のための定期異動ですか?」と答えると、ほとんどの方は論理的に回答するのが難しいようです。人事が理由も明確にわからないのに、本人が望まないキャリアチェンジが前提となる「異動計画」は、もはや目的を失った習慣に過ぎないのではないかと、私は思います。

日本企業では長らく「定期異動」や「遠方赴任」といった、ビジネスの前進や組織のためという名目で、個人の事情を鑑みないような決定がなされてきました。ときには政略やパワハラの手段ともなり、中には社員からの告発で、いわゆる「炎上」へとつながった事件もありました。

私は、もはや人権侵害ともいっていい定期異動など、すべてなくすべきと考えています。

辞令が出ると、決まって「この度、○○支店への転勤を拝命しました」という挨拶が聞かれますが、「拝命」という言葉が示すように、それは自分のキャリアを会社に「与えてもらう」という意識の名残に他なりません。
人事担当者にしても意義がわからず、本人でさえも内心では戸惑っているような異動に、人生を左右されてしまう。そもそも企業には、誰かの人生を勝手に左右していいほどの権利もありません。それほど意味のわからないものに、人生を預けてしまったままでいいのでしょうか？

会社側の理屈もあるでしょうが、金融業などで聞かれる「癒着による不正を防ぐためだ」といった理由にしても、セキュリティ強化やブロックチェーンなどのテクノロジーを活用していく方向を模索すべきであり、人権を侵してまで実現することではありません。何より、ケーススタディにもあげたように、これからは転勤を強いられるような会社に、良い人材は集まりませんし、定着もしません。そのほうが業績に悪影響が出るのではないでしょうか。

このように考えていたところに、日本の職場環境を変えるエポックメイキングな出来事が起こりました。新型コロナウイルス感染症の流行により、物理的な移動に制限がかかったことです。各社がテレワークやビデオ会議に挑戦していったのですが、その当事者であればあるほど、**移動を伴わずともできる仕事の多さに気づいたはずです。あとは、その気づきを実行するだけなのです。**

アイデミーでも、役員会は早々にフルリモート化しました。新規入社のメンバーには一度もリアルで会ったことのないままにプロジェクトがスタートし、数ヶ月が経ちました。コミュニケーションはSlackなどのチャットツールが多いですが、仕事に支障はまったくありません。バーチャル空間のコミュニケーションは、リアル空間での「会った感じ」を十分に代替可能なのだと感じています。

ただでさえ、私たちはテレビなどでよく見る芸能人や経営者に、会ったことはないけれど親近感を覚えてきた生き物です。それが双方向コミュニケーションも図れるとなれば、仕事を進めるに値するだけの関係はつくれるのです。

……と、こんな話をすると、「とはいえ、仕事相手に一度は会わないと、相手のことはわからないだろう」と返されることがあります。私は、まったくそうは思いませんし、その言説はウソだとさえ思います。

今のようにビデオ会議やチャットツールが浸透していない時代、ＩＢＭで働いていたとき、アメリカ本国を含めてグローバルのメンバーは、当然のように会ったことのない人がほとんどでした（そうそう、〝nice to E-meet you.〟という挨拶をよくしていたのを思い出しました）。

もちろん、仕事の進め方にもルールがあります。会議は互いに開催目的を合意したうえで開かれるため、意味のない会議は存在しません（会議には時差調整という難題もあるので、目的は重要視されます）。出席者は要求を明確にし、常に結論を導くコミュニケーションに努めていました。そして、事実、うまくいっていたのです。

つまり、私は「ビジネスの相手であれば、リアルで会わずとも仕事に支障はない」と、このコロナ禍より前に、すでに経験していたわけです。時差があり、言語も異なる相手と仕事ができて、時差もなく日本語でコミュニケーションできる相手と成り立たない道理はないでしょう。

また、テレワークに伴ってオフィスの見直しも起きています。「職住近接」という概念は通勤があるからこそ成り立ちますし、オフィスがあるから代表電話があり、電話番の業務が発生し、現地での受付担当さえ必要になるのです。それらも全て、見直せる対象です。どこでも働ける時代においては、オフィスは毎日行く場所ではなくなり、「スペシャルな場所」に変わります。今後は、オフィスや通勤、ワークスタイルも、仕事内容と並んで、企業の文化や風土、カルチャーを表していく要素になってきます。働く一人ひとりが、それらも含めて検討したうえで、自らのキャリアにとっての選択を行っていけばよいのです。

これからは社会全体で「直接会わないこと」を前提とした仕事の仕方、打ち合わせや会議の方法に切り替わっていくでしょう。

今後、**転勤や出張という概念そのものがなくなってもおかしくはありません。**経営者であれば、そうした時代を見越して今から対応を進めておくべきだと思います。

13

どうして、あんなに仕事を「時間」で考えていたんだろう？

Before

働いている時間で評価されたから、定時で帰れないのは当たり前

「お先に失礼しまーす」

中野直之は、また一人、オフィスを出ていく同僚の後ろ姿を見送った。小声で「おつかれ」と声を送るが、もう届いていないだろう。中野は気に留める様子もなく、デスクでノートパソコンに向かいあった。最後に「お先に失礼します」と言って会社を出られたのは、いったい、いつのことだったろうか。

「明日の会議資料、午後でも間に合うけど、つくっておくかなぁ……」

時計の針は、定時とされる時間をすっかり過ぎている。仕事は、やろうと思えば

次から次にわいてくる。中野が首を鳴らしていると、ふいに肩を叩く人があった。部長の大杉篤志だった。

「いつも頑張ってるな。ちゃんと見てるぞ」

中野は努めて笑顔で、その声に応えた。もうすぐ人事考課の季節でもあるし、少しでも良い印象を与えておきたい。けれど、心のなかではこんな思いもあった。

(部長がずっと残ってるし、なかなか帰れないんだよな……)

定時で勢いよく席を立ち、「お先に失礼します!」という姿を、中野は想像するだけ想像して、ため息をついた。

After

テレワークの浸透で、評価制度は強制的に成果主義化する

「お先に失礼しまーす」という声を、最後に聞いたのはいつだったろうか。オフィスには、もう誰の姿もなかった。むしろ、今日は朝早くから働く子育て世代のパパ社員と、自分と同じようにリフレッシュがてら出社した同期の姿を見たが、

今ではテレワークで自宅から「出社」している人がほとんどだった。

中野直之は郵便物を確認がてら、気分転換のためにオフィスへ来た。あれだけ会社に残っていた大杉部長も、すっかりテレワークに慣れたらしく、今日も自宅から仕事をしていた。

誰もオフィスにいなかったこともあるが、集中して仕事ができた。クライアントへのレポートをまとめ、明日の会議資料も作り終えると、窓の外では夕日が落ち始めていた。

ポン、と大杉部長から、チャットツールで連絡が来る。

「いつも締切前に、的確なデータをありがとう」

中野が時計をチラと見ると、目標どおりに「定時」だ。その言葉の響きも懐かしみながら、中野は、今日はタスクをこれ以上消化しないことに決めた。

その代わり、明日のビデオ会議で話すネタを仕入れようと、帰宅しながらスマホで経済番組を流す。もはやオフィスで残業する意味はなく、自宅にいる部長も「仕事の成果と進捗」で人事考課の評点をつけている。

誰もいないオフィスに向かって、中野はそっと口にする。「お先に失礼します！」

How To

自己管理能力と、言語化能力を磨こう

在宅勤務をしている方なら、オフィスとは異なり、同僚の勤務時間を目で見て知る機会も減っているはずです。

これからの働き方では、もはや「定時」という概念は、あってないに等しくなります。

テレワークが推進され、オフィスへの出社が当然ではなくなってくると、20年も前から耳にタコができるほど叫ばれてきた「成果主義へのシフト」を、いよいよ実現せざるを得なくなりました。外資系企業の多くでは、当然のように求められていた「自己管理」が前提となり、私たちは基本的に「仕事の成果」だけで評価されるようになります。

かつての会社は、たいした成果をあげずとも、「会社にいる＝時間を費やす」ことが評価の対象となり、給料にも反映されてきた面があります。ところが、これからは、会社に長くはいられないとしても「成果あげられる人」に自然と仕事が集まり、また評価もされていくようになるのです。

そうなると今まで以上に重要になるのが、自分の仕事や時間を管理する**自己管理能力**です。あくまで「定時に帰ること」ではなく、時間内に仕事を終わらせるために目標を立て、どう動くべきかを考えの主軸におきましょう。もし、就業時間を延長することがあれば、その理由も都度見直してください。

また、この環境下で大切なのは、自分の仕事内容やプロセスについて、評価する上司に自ら説明できる**言語化能力**です。姿勢やプロセスが評価対象にならないどころか、「見てくれている上司」の姿も希薄になっていきますから、自らコミュニケーションをとるのです。

私もスタートアップのアイデミーでは執行役員として、メンバーをマネジメントする立場にあります。人事考課や評価なども、基本的には仕事の内容で判断するしかないと、テレワークへのシフトとともにさらに実感する日々です。

自己管理のヒントとして、私なりの時間管理術を紹介します。目標設定型テレワークの大敵は、他人から不意に時間を取られてしまうことだったりします。そこで、オンラインカレンダーなどで「自分が投入したい（投入できる）時間」を公開し、その範囲内で仕事をするようにします。

たとえば、平日の9時から17時でもいいですし、睡眠時間以外の全てでもかまいませんし、理由があれば3時間限定でも結構です。「自分が仕事に使える時間は、この範囲だけです」と表明してしまいましょう。

私も実際にテレワーク中心の仕事スタイルに変更してからは、今まで1日かかっていた仕事が半日で終わってしまうことも増えました。たとえば、社外でのミーティングから、社内の打ち合わせへ移る時、移動時間を加味しなくていいので、効率性が断然違います。

もちろん、その時間内であげた成果で待遇が決まる、という形で責任が伴うことは前提になります。ただ、それでも一律に時間で管理される評価では、なくなっていきます。

今ほどテレワークが推奨される前に、とある外資系企業で役職に就く私と同世代の友人から、こんな話を聞きました。彼らの会社は最近、極端に「ホワイト企業化」したと有名でしたが、「夜の20時や21時にもなると、フロアに残っているのは

40代くらいの社員ばかりだ」と。若い世代を早く帰らせなければいけないため、その分のしわ寄せが40代社員に来ているというのです。

では、なぜそこまでして彼らが残業も含めて働くかといえば、これまでは仕事の仕方を「時間を区切る」のではなく、「仕事を終わらせることを優先」で取り組んできたからです。仕事と私生活が一体化しているような人もいるかもしれませんが、言わば「ワーク・イズ・ライフ」という考えが強く、生活と仕事の境界線が曖昧だったのです。

一方、定時で帰る世代の「当たり前」は、仕事が全てではない、という観念です。むしろ、仕事ばかりしている上の世代を見て、自分は生活も充実させたいという思いを持っています。その線引きが明確なのですね。

つまり、「会社・仕事が優先で、帰れないのは仕方がない」と「仕事はあくまで生活の一部でしかない」という対立があります。

後者は、西欧的な考え方でもあると思います。私は2008年頃にヨーロッパで仕事をしていたのですが、同僚たちはほぼ毎日18時に帰りました。彼らの「忙しい」は、タスクが多いのではなく、ワークタイムにテンション高く働けていることを指していました。その意味で、日本の働き方もようやく「普通」になってきたということなのでしょう。

今後の社会は若い世代がつくっていくものですから、年長世代は働き方の変化を理解し、自ら歩み寄らなければいけません。……とはいえ、若い世代にも、年長世代には彼らなりの「仕事の優先順位付け」がまだまだ息づいていることには、理解を示してほしいところです。

14

どうして、給料を「残業代ありき」で考えていたんだろう？

Before

残業代のために、家族との時間を犠牲に

窓の外は、もうすっかり暗くなっている。オフィスを照らす蛍光灯の下で、今野泰平は仕事に取り組んでいた。少しだるくなってきた肩をほぐし、首を回す。視界に入った壁掛け時計は、定時よりも短針が4時間ばかり進んだ時刻を指している。

（まぁ、もっと急いでやれば帰れるっちゃ帰れるんだけどなー……）

今野は、手を抜いているわけではないが、ことさらに励んだりすることもなく、仕事を片付けていた。早く帰ることも大事だが、それだけ「残業代」は減ってしまう。再来月は12月で、クリスマスが控えている。家族へのプレゼントだけでなく、

忘年会なども重なれば出費が大きい季節だ。残業代をすこしでも稼いでおきたい気持ちはあった。

「今野、オレもう帰るけど、まだやってくの？」

隣の席の山本賢一が、椅子にかけたスーツの上着に袖を通しながら言う。

「あー……うん、もうちょっと」

「なんかここ最近、遅くない？　奥さんから文句とか出ないの？　子どもも小さいんだろ」

「仕事は仕事だし、仕方ないって思ってるんじゃないかなぁ」

「そう思ってるの、自分だけかもしれないぞ。まぁ、独身貴族のオレが言っても説得力ないかもしれないけど、そんな話も耳にしたからさ。じゃ、おつかれ」

いつもなら気に留めないその言葉が、どこか今野の心にひっかかっていた。子どもの寝顔に、聞こえているかもわからない「ただいま」を言うとき、たしかにどこか、諦めきれない寂しさを覚えることもあった。

（いやいや、それでも、仕事は仕事、生活は生活だ。休日になったら……どこかへ連れて行ったりすれば……）

家族の写真を見たら、気持ちが揺れそうだ。今野は目を閉じ、深く息を吐いてから、またキーボードを叩き始めた。

After

働き方が多様化し、「残業」という概念がなくなっていく

「お先に失礼しますっ」

17時頃になると、オフィスは慌ただしくなる。保育園のお迎えに行く子育て社員が仕事を切り上げ始め、一気に「閉店」ムードも増していく。

今野泰平も、そろそろ今日の仕事のまとめにかかっていた。今日はお迎えこそないが、あと2時間もしないうちにオフィスは消灯し、仕事を続けることもできなくなる。目標よりも前倒しで進捗していることに、すこし誇らしい気持ちもあった。

「うちの会社も変わったよなぁ。昔は、こんな時間に帰るやつなんていなかったし」

隣の席の山本賢一がぼやく。働き方改革の波に乗り、彼らの会社でも残業時間の削減や、それに伴う残業代のカットなどにも変化は大きく表れていた。

「残業代がなくなって、財布も寂しがってるよ」

冗談めかして言う山本も、そろそろ独身貴族の終わりを考えているらしかった。

その言葉に軽い笑みを返して、今野は席を立つ。山本が椅子の背もたれで伸びをしながら、「なぁ、たまには飲みにでも行かない？」と声をかけた。

「あー……いや、ごめん。今日は家族で過ごすし、子どもが寝てから、またビデオ会議もあるんだ。だから、そもそも飲めないし」

「時短勤務の人たちとの打ち合わせだっけ」

「みんな子どもが寝てからのほうが話しやすいし、時間も合わせやすいんだよね。時間も限られてるから、集中してやるしさ。ごめんな、また今度」

今野はノートパソコンを閉じると、スマートフォンでチャットツールのアプリを開いた。今日の打ち合わせ資料がアップされているのを確認しながら、帰路につく。

（なんだか、仕事と生活が細切れでつながってるみたいな感じだなぁ）

残業代は減り、家計は見直しも必要になった。それでも、子どもと今日あったことを話し、妻との会話も増えた毎日を、今野は好ましく思ってもいた。

どうして、給料を
「残業代ありき」で
考えていたんだろう？

How To

仕事とプライベートをあえて分けずに統合する

「残業」や「定時」という考え方そのものが、すでに難しい時代なのかもしれません。オフィスにいて働くことだけが就業時間ではなくなりました。移動中にスマホで資料を見るのも、子どもたちが寝静まってからビデオ会議をするのも、目標達成のための「仕事」に違いありません。労働時間を定める法律として労働基準法などがありますが、働き方の実態に法律が追いついていない状況と言えるでしょう。

法律が実態に合わないのであれば、今は私たちなりに工夫をしながら、仕事に向き合うしかありません。それぞれが使える「時間内」でしっかりと仕事を済ませ、その品質を向上させるように励むべきです。

残業代という必ずしも成果とは直結しない不透明な報酬ではなく、一人ひとりが「時間あたり単価」を上げることに集中する時代が来たのです。

その時代においては、社員一人ひとりは成果ベース、あるいはタスクベースで管理されるようになっていきます。いわゆる「メンバーシップ型人事」から「ジョブ型人事」への変化です。基本はジョブディスクリプションに沿った仕事が行われ、その成果で人事上の評価を下すしかなくなっていくだろうというのが、私の見立てです。

これまでのように全員が同一のオフィスで、同一の時間だけ仕事をしているなら、上司も全体をぼんやりとでも見回せば管理ができたかもしれません。しかし、テレワークを含め、個々人で仕事の拠点や時間がずれていく以上は、その管理法では対処できません。

かつては工場労働や製造業の考えが強く、働いた時間ベースで評価を受けるのが「当たり前」の時代が長く続きました。たびたびニュースに現れる「過労死」は、時間ベースで評価する働き方の最たる問題だともいえます。テレワークがより普及すれば、仕事時間や住環境などの柔軟性がうまれ、いくらか問題解消は前進するようにも思いますが……。

現在もアルバイトやパートタイマーなどを含め、時間ベースの評価は一般的にも浸透していますし、全てなくなってしまうものではないでしょう。しかしながら、特にホワイトカラーのワークスタイルでは、時間ベースで考えることは減っていくはずです。

なぜなら、時間ベースの延長線上では、長く会社に所属していることが価値になる「年功序列的な評価」につながってしまうからです。年功序列的な評価と、年齢や所属年数に関係なく測る「成果による評価」は、本来的には同居できない考え方です。

もともと、残業を含めて「ワークスタイルに対する評価」は、会社ごとに差が出やすいポイントでした。

私も電通からアクセンチュアへ移ったときに、その感覚の違いに初っ端から驚きました。定時も過ぎ、仕事に区切りもついたので、上司に「先に帰ってもいいですか？」と聞くと、「え？　なぜそれを聞くの？」と返されたのです。

それまでいた電通では、上司に帰る許可をもらうことが、私にとって「当たり前」でした（もっとも私が在籍していた頃の話ですから、今も電通にそのカルチャーが残っているのかはわかりません。あくまで、会社によって事情が異なる例として聞いてください）。

ただ、こういった職場ごとの違いは、企業カルチャーを主導する社長の采配であったり、外的な要因によってでも変わってきたりします。事実、アクセンチュアにしても当時の仲間に聞いてみる限りでは、私が居た頃に比べて残業時間は大きく減ったといいます。

働き方改革の波も大きく、特に銀行などの金融業界は、退社時刻が以前より厳しく管理されるようになったようです。

言わば、社会全体としては「ホワイト企業化」しており、これから入社しようとする新人たちも、ある程度はそれを期待しているようにも感じます。

ＩＢＭにいた頃、人事から内定者向けの講演を頼まれました。私は「企業はブラックやホワイトで語るのではなく、個々人のワーク・ライフ・バランスの重視、さらに言えばワーク・ライフ・インテグレーションの流れにある」といったことを伝えました。

ワーク・ライフ・インテグレーション——仕事と生活の「統合」です。

従来の仕事観は、仕事は仕事、生活は生活と棲み分けていくのが当然でした。それでうまくいっていた時代もありますが、今日のようなワークスタイルの変化、テクノロジーの発展、働く人の多様性を鑑みると、その仕事観ですべてをカバーするのは難しいのではないかと思います。
そこで、棲み分けてしまうのではなく、仕事と生活をうまく統合する。成果をあげながらも、生活をおろそかにもしない、という働き方を考えていくのも、今後向かうべき方向性の1つではないかと、私は提案したいのです。

私の毎日のルーティンに、毎食後、家族4人分のお皿洗いがあります。案外に時間がかかるので、ビデオ会議の合間にできる15分間で済ませるようにしました。小さな例ですが、これもワーク・ライフ・インテグレーションの1つといえます（しかも、水仕事をしていると、ストレスがわずかなりとも発散されるおまけつきです）。

ワーク・ライフ・インテグレーションは今に始まったわけでもありません。私にとっても、子どもが寝静まったあとに動画や電話で会議をするのは、IBM時代から当たり前の光景でした。そもそも、本国のアメリカとは昼夜が逆転していますからね。

このようなワークスタイルが広まりつつあり、また一般化すればビジネスパーソンの働き方は大きく変わります。子育て中の女性が、仕事と子育てを両立しつつも、昇進や昇格といったキャリアを歩めない「マミー・トラック」のような問題にも、有効に働いていくと思います。

ワーク・ライフ・インテグレーションは子育てとの両立やグローバル化とも相性がよく、今後も加速していくことでしょう。

ただ、1つだけ私があえて言いたいのは、ホワイト企業化の流れは結構なのですが、「働きたい」と思う人が、思い切り働ける環境を残しておくのも大切だということです。

その意欲を他者にも同様に強要するのは問題ですが、本人がリスクを承知で選び取る場合には、問題視をしすぎない観点もあっていいでしょう。

なぜなら、成長できると感じているにもかかわらずに成長機会を奪われることは、その人のキャリア形成でも不利にしかならないからです。長い目でみれば国力の低下にもつながるかもしれません。

働きたい人の機会を奪ってはいけませんが、尊重すべきは「長く働けない人」の立場である、というのが落とし所になるでしょうか。

主体的に、仕事への価値観が合う会社を選ぶことも大事です。勤めている会社の制度や考えを変える大仕事に挑むのもよいですが、「うちは年功序列でだめだ」といった不平不満を言い続けるくらいならば、自分から会社を移ることを考えるのも、選択の1つとして頭に入れておきたいところです。

さらに究極的な話をすれば、残業や就業時間の問題に対しては、私たちは一人の有権者として、残業代や定時という概念を無くすような努力をするしか、今はありません。立法は国会しかできませんから、現場の問題解決をするための投票を続けていきましょう。

15

どうして、あんなに「ノリ」で仕事をしていたんだろう？

Before

具体的な指示もしないのに怒る上司

川野優は激怒した。必ず、かの邪智暴虐《じゃちぼうぎゃく》の部長を除かなければならぬと決意した。……決意はしたが、川野には社内政治もわからず、単なる平社員の一兵卒で、その方法もわからないままだった。彼が何に憤っていたのか。それは、部長である渡辺守の言うことが、まったく論理に欠けていたからだった。

部署の業績が悪いことを、渡辺部長は「他社よりもプッシュが弱いからだ」と断じていた。

（自分はろくに指示らしい指示もしていないくせに……）

そう、川野は部長の態度に憤っていたのだ。ただ、悲しいかな、渡辺部長はかつて「伝説の営業」として鳴らした人物で、その手腕を買われて昇進を果たした人物だった。

（でも、渡辺さんが現場で売りに出ていたときとはちがう……）

そう、川野のその指摘も、また正しかった。気合いでどうにかなる時代は終わったのだ。

「部長、なぜですか？　プッシュも大事なのですが、どうすれば売れるようになるか、どのように考えるべきかを、教えていただけませんか……」

大学でマーケティングを学び、会社員になってからも勉強を重ねていた川野は申し出た。川野はただ、根拠を知りたかったのだ。

「なぜ？　そんなの考えることでもないだろ！」

渡辺部長の一喝に、川野はただ困惑するばかりだった。

After

熱い「ノリ」を戦略やフレームワークで補強する

部長である渡辺守は、自らの振る舞いを省みていた。これまで、何よりも勢いを重視すべきだ、気合いが足りないと部下を鼓舞し、成績が下がれば飲みに連れていき、言わば「熱いマネジメント」をしてきたつもりだった。しかし、これまでのやり方が通じないと感じてきたのは、ここ数年だ。新人たちは自分の言うことにピンとこないようで、成果も出ていない……。

それを教えてくれたのは、渡辺にとって「ピンとこない新人」の一人でもあった川野優だった。このまま成果が出なければ部長職としての責任もある……渡辺は意を決して、いつも「なぜ」と聞いてくる川野と、話をしてみることにした。

川野は「フレームワーク」や「クリティカルシンキング」など、渡辺が仕事において使ってこなかった知識を披露した。ひとつひとつを学び、考えていくと、自分のしてきたことが裏付けられる部分もあって面白くなってきた。

「部長、これも知らないんですか」

どうして、あんなに
「ノリ」で仕事を
していたんだろう？

そう言われたときは、さすがに頭にカッと血が上ったが、笑顔をキープした。

「はは、すまんな。だがな、方法論だけでもだめだ。特に、川野はそれを頭でわかっていても、使いこなせているとは言えないようだ。たとえば……」

渡辺の逆転劇が始まる。ひとつひとつ解説しながら、川野の仕事を点検していく。

How To

アカウンタビリティを意識し、「論理と感情」の2軸で判断する

かつて日本企業が世界でも強かった時代は「勢い」が物を言うこともありました。工場型労働モデルを確立させ、大量生産・大量消費を追い風に、物質的に豊かさを求める人のニーズを、いかに満たしていくのかが重視されてきたのです。

そんな時代、会社で「理屈っぽいやつ」は煙たがられ、同調圧力に合わせることを「大人になる」と言い表しました。まさに「昭和的な働き方」の全盛期と言っていいかもしれません。バブル景気が崩壊し、社会のあり方が変わり、ビジネス環境にも変化が訪れると、主に90年代には「ロジカルシンキング」や「クリティカルシ

ンキング」が一部で隆盛を極めていきます。煙たがられていた「理屈っぽいやつ」の反旗だったのかもしれませんね。

ここでは便宜的に、前者の働き方を「ノリ」、後者の働き方を「理屈」と呼んで分けてみましょう。私の経歴を振り返ると、大学新卒で入社した電通は、まさに「ノリ」のワークスタイルでした。上司や先輩が「右向け右」と言えば倣い、内容がおろそかというわけではなくとも、人付き合いや感情面を重視するような体当たりの仕事も多くありました。

一方で、転職した先のアクセンチュアは、ど真ん中で「理屈」のワークスタイルでした。ロジカルシンキングも重視され、成果主義で働き方もまったく異なります。

他にも、転職した先でそれぞれ濃度はあれど、「ノリ」と「理屈」のいずれかを時々で使い分けながら、仕事にあたってきました。

ただ、今のビジネスパーソンを取り巻く課題として悩ましいのが、この「ノリ」と「理屈」はともに大切にされる考えでありつつ、個々人によって捉え方が異なることです。そして、この異なりが、仕事を進めるうえでの障害になることさえあります。

私自身にも、思い当たるエピソードがあります。IBM時代のことです。とある上司から「河野はなぜそれほどMBA的に物事を考えすぎるのか」と問われました。その上司にも共有したうえで、ある戦略を実行することになった際のことでした。

ところが、しばらくすると突然、上司が「なんでこんなことをやっているのか？」と言い出したのです。

「え？　先に説明しましたよね。それには合意したではないですか」と伝えると、「方針は合意したけれど、やっていいとは言っていない」と返されました。私は思わず、「どういう意味ですか？　決めたことなのだから、実行しなければ意味はないですよね？」と切り返すと、驚きの「MBA的に物事を……」の言葉が出てきたわけです。

方針は合意したけれど、やっていいとは言っていない――いま考えても、不可思議な言葉にはちがいないのですが、これも「ノリ」と「理屈」の観点から見ると、少しだけ理解ができます。その幹部は「ノリ」を重視、私は「理屈」を尊重して話していたわけですね。おそらく、その上司は特に考えることもなく、今まで「ノリ」でなんとなく仕事をやってきたのでしょう。そして件《くだん》の戦略も、「合意はしたけれど、実際にやるかどうかはノリ次第」というスタンスだったのです。

しかし、「理屈」派からすれば、「なんとなく」とか「いいからやれ」では納得ができません。しかるべき根拠を示してもらったうえで、その行動を取るべき理由を把握したいものです。

それでは、これからの仕事の仕方を考えてみるとしましょう。

私はテレワークや成果主義といった働き方がより広まるという立場をとりますから、今後は「ノリ」派に不利な状況は続いていくだろうと見ています。同一のオフィスで顔を突き合わせて仕事をする機会が減るのであれば、ノンバーバルかつエモーショナルな手段は取りにくくなります。パソコンの画面越しでは権威や感性も伝わりにくい。意思決定のためのフレームワークを理論的に学び、実践する人の数も増えています。

しかしながら、すべてが「理屈」で動かないのも事実です。人間はロジックのみで動いているのではありません。そこで、「ノリ」的な要素である「感性」を働かせるためのスキルが重要性を増していくでしょう。

かんたんな例を挙げれば、リーダーや上司から、部下へ仕事を依頼するときにも、単に作業を依頼するのではなく、その仕事をするだけの意味や理由を、併せて伝え

どうして、あんなに
「ノリ」で仕事を
していたんだろう？

ることが大切です。硬い言い方をすれば、これまで「暗黙知」的にしてきた仕事を、しっかりと言語化することで「形式知」化していく必要も出てきます。

この考え方は、外資系企業では一般的な**「アカウンタビリティ（説明責任）」**と、ほぼ同義です。外資系企業に属する管理職であれば、当然のように求められる意識であり、スキルの1つでもあります。

日本に進出している外資系企業では、グローバルとは異なる「日本独自のやり方」がまかり通っているところも少なくないようですが、その大きな違いの1つがこのアカウンタビリティに対する向き合い方です。

私が在籍していたＩＢＭを見ても、本国では当然に必須のスキルでしたが、日本ではそうではありません。ＩＢＭといえども「ノリ」派の勢力は大きくありました。その後、アジアパシフィックの傘下に隠れていた日本支社が、２０００年代後半頃から米国本社の直轄になり、日本でも管理職にはアカウンタビリティが求められるようになります。ところが、多くの人がその考えにフィットすることができず、十分な説明ができないままでした。事実、このアカウンタビリティの不足が、グローバルから日本支社への信頼度減少などにつながっていったという内幕も、当時から見聞きしていました。

なぜ、日本ではアカウンタビリティが軽視されてきたのか。私は、日本のビジネスパーソンが「職務」または「ジョブ」に対して、十分に考えなかった背景が関係していると考えます。年功序列制度のなかでは、勤続年数の長い人が、本人が望むか否かをさておき、そのまま管理職のポジションにつくケースは珍しくありません。ポジションがある人には、しかるべき相手に対しての説明責任が自動的に発生してきます。

たとえば、社長であれば株主や社員でしょうし、管理職やリーダーであれば上長や率いる部下に対しての説明責任が伴います。ところが、日本では年功のみで「なんとなく」ポジションが上がってしまったことで、説明責任を果たすことさえ意識をしていない人も、そのまま仕事をやってきたのだろう……というのが、私の見立てです。

今後、この本でも幾度も書いてきたように、特にビジネスの現場で「なんとなく」は通じにくくなっていき、その考え方で仕事をする人はますます不利です。個々人が働く理由から企業戦略まで、あらゆるところで原則としての「Why」が問われる社会になってきてもいます。

また、説明責任と併せて考えたいのが、感情の取り扱い方です。私が尊敬している方がおっしゃっていたのは、「クールヘッド・ウォームハート」で行動すること。**論理的に感情的になる、あるいは戦略的に感情的になるということです。**もう少し具体的に言うと、判断は冷静に、伝え方には感情を乗せて、ということになるでしょうか。これこそまさに、「理屈」と「ノリ」の良いところどりのスタンスといえるでしょう。

16 どうして、「OJTという名の放置プレイ」がまかり通っていたんだろう？

Before

「隣で見てて」が通用した

はやる気持ちを抑え、まだ着慣れないスーツに袖を通した富田実は、出社初日を迎えていた。大学を卒業して入社することになった食品商社で、富田は自分の会社員人生の始まりに緊張していた……という朝の気持ちは、いつの間にか、宙ぶらりんになっている。

「あー、ちょっと忙しいから、隣で何やってるか、とりあえず見てて」

富田の「教育係」になったという相川靖子は、5つ上の先輩だった。部内では仕事もできると評判だったが、彼女にとっては「教える」という仕事は初めてだ。

（見てて、とは言われたものの、何をやっているかまだわからないな……）

最初に大まかな仕事の流れは聞いた。富田がこれから担当するのは、取引先からの注文を聞き取り、倉庫へ正しく出荷を依頼する業務だ。覚えなければいけない商品数、商習慣からくる独特な呼び方など、覚えることはさまざまあった。富田はメモを片手に、文字通り仕事を「見て」はいたが、自分が同じようにできる自信はなかった。

その不安は悪い方向に的中し、早速、電話注文を受けた富田は、取引先の言うことをよく理解できずに戸惑わせてしまった。すかさず、フォローに入った相川のおかげで事なきを得たが……。

「うーん、ちゃんと見てた？」

それから、あれこれと富田の対応についてダメ出しを始めた。富田は、またしても頭がこんがらがる思いのなかで、メモをひたすら取り続けていたのだった。

After

テレワークでは「言葉で教える」しかない

大学を出て勤め始めた食品商社で、富田は3年目の春を迎えていた。最初のうちは右も左もわからないながら、「教育係」の先輩である相川靖子の仕事ぶりをどうにか追いかけてきた。相川は丁寧に教えるよりも、自分の振る舞いを見て覚えさせるスタンスにしたようで、富田はそのひとつひとつをメモした。

(相川さん、声かけるタイミングを間違えると怖いから、自分で解決できるようにしなくちゃ……)

さらに、いつでも検索できるように、富田は手書きのメモをワードに打ち直していた。自衛のための工夫だ。

そんな富田にも後輩ができることになった。教育係となった富田だったが、新型コロナウイルス感染症の拡大で、新入社員も入社早々に在宅勤務となった。富田はまだリアルでは会ったことのない後輩に、ビデオ会議ツールやチャットツールを通して、仕事を教えなくてはならなかった。そうなると、自分が教わる立場だったと

どうして、
「OJTという名の放置プレイ」が
まかり通っていたんだろう？

きの「隣で見てて」はとてもできない。必然的に、後輩に教えるためのマニュアルを自分で作ることになった。

「先輩がまとめてた、秘伝のワードファイル、すごくわかりやすいです」

ある時、富田はそんなふうに声をかけられた。自分を守るために作っていた「虎の巻」的なデジタルデータだったが、この環境下ではすぐにシェアでき、役立ったという。後輩に「同期にもシェアしていいか」と聞かれたので、富田は喜んで了承した。

後に、その虎の巻は、社内全体に広まることとなった。富田はその功績を認められ、それは人事評価にもしっかりと反映されたのだった。

How To

仕事のデジタル化のために、トレーニングの時点から「言語化」を徹底する

アイデミーで新チームを発足させて1ヶ月が過ぎたある日、振り返ってみるとメンバー17人中の5人に、リアルでは一度も会ったことがないと気づきました。

また先日、3ヶ月、ともにプロジェクトを進めてきた人に「そういえば初めて直接お会いしましたね」と声をかけられ、驚きました。

現在は過渡期といえども、新型コロナウイルス感染症の影響でテレワークやビデオ会議をうまく使うようになるほどに、そのようなケースは増えていくと考えています。

この環境において、「そこに座って、仕事を見ていて。必要になったら声をかけるから」といった、「仕事は見て覚えろ」のOJTは、もはやありえないといっていいでしょう。そもそも、オフィスで横並びの机で仕事をする、という機会さえ、次にいつ訪れるかも不透明なままですから。

たしかに、以前までは「テキトー」でよかった面もあります。作業や依頼を具体的にしなくても、新人の側から「空気」を読んで働きかけるようなこともあったかもしれません。しかし、**読むべき空気はデジタルコミュニケーション上には存在しない**のです。

新人の側からしても、テキトーな先輩が教育係についたとしても、「そういうこともあるさ」と諦めつつ、周囲のやり方や同僚の振る舞いなどから、学ぶこともできたかもしれません。ただ、今後の「自律分散」で仕事をする環境下では、そのような空気や空間も共有できません。面倒見の悪い先輩にあたっても、自ら質問し、また相手を促していくような心がけが必要にもなってきます。

つまり、自律分散の働き方が進むと、「相手に育ててもらう」という要素が減り、**自分をジョブにあわせて成長させる流れが強くなります。またそれは人材育成の重要なポイントになります。**必然、成長意欲を持たない人にはチャンスも訪れません。

これまでの日本企業では「新入社員研修」が手厚く、実戦投入までの時間も十分に確保されてきた傾向があると思います。ところがビジネスの波が変わり、また世情の大変化も起きた今になっては、むしろ実戦投入を早めていくことが求められています。

この流れは、グローバル企業であれば「当たり前」ともいえる取り組みです。IBMで人事を担当していた際に、私はよく本国担当者から「なぜ日本だけ、それほどの期間をかけて新入社員研修をするのか。インターンで先に経験を積んでおくとか、あるいは学生時代に自ら勉強して身につけておくべき知識ではないか」と責められたものです。彼らの基本の考えは、会社は学校ではないのだから、スキルは与えてもらうのではなく自ら学ぶものだ、というスタンスです。

当時はこのスタンスに「日本流の事情もある」と反発心を覚えたりもしたものですが、どうやらそれだけでは通じなくなってしまったようにも思います。

そのため、スキルを自ら学ぶための学習機会の提供もポイントになってきます。

私が在籍していた頃から、ＩＢＭにはオンライン上で社員の自主学習を促す仕組みがありました。学習ツールはすべてオンライン化しており、現在のようにビデオ会議とまではいかずとも、拠点間で「電話会議」ができる仕組みもあったのです。オンラインにすべてを用意することで、学習機会を持ちやすくしていたのですね。

いま、これらの仕組みを導入すること、あるいは利用することに対して、ハードルもコストも相当に下がりました。あなたの会社がなにもまだ整備せずにきているのであれば、「時代が変わった」ことを自覚し、今から準備をしていくほうが無難でしょう。

また、今までのＯＪＴと同様とまでは言いませんが、「ビデオ会議に同席させる」というのも、1つの育成機会として有効に働いているようです。

先日、アイデミーで若い社員と1 on 1ミーティングをしていると、「ベテランのプレゼンを聞くことができる環境はありがたい。自分のプレゼンにも反映できるようになった」というフィードバックがありました。

学習機会の拡充は、組織のサステナビリティの問題ともいえます。新人が力をつけてくれれば、組織としても大きな仕事に取り組みやすくなり、また持続性も高まります。

一方的なOJTで済ませるのではなく、これからは、リモート勤務のような新しい環境下でも、「育て合い、学び合う」をキーワードに据え、取り入れられる組織が強くなっていくでしょう。

17

どうして、あんなに「仕事と生活」を切り離していたんだろう？

Before

「子どもが熱を出したんで休みます」なんてありえない

朝の慌ただしい中で、息子の顔を見た松岡勇は嫌な予感がした。顔がいつもよりぼんやりとしているようだ。額に手を当ててみると、しっとりと熱い。

「あー……こりゃ、だめそうだな」

検温してみると、37度台の後半にかかっていた。妻に声をかけ、熱があることを伝える。弱り顔の妻は、いつもより早い時間に出勤しようとしていた。今日は大事なプレゼンがあるらしく、さすがに休めないという。

「オレがなんとかするから大丈夫。いってらっしゃい。プレゼン、頑張って」

　妻の背中を見送ってから、とりあえず会社に電話をしてみる。もしかすると、出勤がいつも早い川本部長なら、もういるかもしれないと考えた。ほどなくして、電話口から川本の声が聞こえた。

「おお！　どうした、電話なんて？」

「その……すみません、今日、子どもが熱を出してしまったみたいで、欠勤させていただきたいんですが」

「ん？　子どもが熱？　仕事に関係ないじゃないか。奥さんはどうした、任せられないのか？」

「いえ、うちは共働きなもので、妻は今日は難しく……」

「親御さんは？　近くにいないのか？　どうにか都合つけて出勤できないか、ちょっと頑張ってから、また連絡よろしく」

　電話が切れると、松岡は胸の内から重たい息を大きく吐いた。自分だってどうにかしたいとは思っているのだ。専業主婦の奥様がいる部長には、この大変さは伝わらないのだろうか……。

After

「子どもが熱を出したのに出社する」なんてありえない

「あー……熱出しちゃったか。最近は風邪、流行ってるもんなぁ」

ぼんやりとした顔でソファに座る息子の頭を、松岡勇は優しくなでる。慌ただしい朝の時間に起きた事件だが、慌てるでもなく、すっかり慣れた様子で買い置きのスポーツドリンクを用意する。息子に声をかけ、ベッドへ戻らせた。

「うん、オレが付いてるから大丈夫。いってらっしゃい。プレゼン、頑張って」

妻の背中を見送ってから、松岡はスマホから社内用のチャットツールのアプリを開き、川本部長に現状を報告する。

「本日、息子が急に発熱してしまい、基本は在宅勤務とさせてください。連絡が遅れる可能性もありますが、よろしくお願いします」

ほどなくして、川本部長から「了解」とコメントが返ってきた。部署のメンバーもスタンプで松岡のメッセージに応えてくれた。

「おとうさーん」

か細い声で自分を呼ぶ声がする。松岡はスマホとパソコンを片手に、いつも親子3人で眠るベッドルームへ戻った。今日は息子のそばで、できる仕事を進めていくつもりだった。

How To

同僚や取引先とは、仕事面だけでなく全人格的存在として付き合う

今回のケーススタディで描かれた様子は、私の昔の体験が大本になっています。

IBMでチームリーダーとして数人の部下を率いていたとき、突然に部下から「すみません、娘が熱を出してしまったので、今日は部署の飲み会には行けません」と申し出がありました。私はすぐに「わかりました」とだけ返しました。私にとって、その部下の判断は当然のことだと思えたからです。

そこで、私の上司に当たる人へ報告すると、「子供が熱を出したことと、飲み会を休むことと、どう関係があるの？」と返事が来て、驚いたものです。

この上司にとっての優先順位は、会社が常に上位だった。あるいは、子育ては家

庭内の分業であり、自分の担当外と捉えていたのでしょう。

もっとも、そういう価値観が通じる時代を生きてきた影響もありますし、本人だけの責任とも言い切れません。おそらく日本の古い価値観が通じる企業では、まだ残っている考え方かもしれませんね。

ただ、それが世の中の価値観とズレてきていることは認識しておくべきでしょう。それを他人に押し付けることの正当性もありません。今後は、そのように仕事と生活を切り離して考えている上司には、社員もついていきたいとは思えないはずです。多くの人にとっては、子どもの事情を鑑みて休める職場が、望ましい環境といえます。


いまの主流はワーク・ライフ・バランスの成立であり、あるいはこの本でも提唱するワーク・ライフ・インテグレーション（仕事と生活の統合）です。その考えに基づけば、仕事と生活を切り離して考えることなどできません。

その流れの下では、これまで前例的にビジネスパーソンを縛ってきた「就業時間」も見直しの対象になります。各々の仕事に合わせ、時には土曜日や日曜日も用いることで、一日あたりの負荷を分散させるのも方法の1つ。曜日の感覚すらも、自らでコントロールするのがちょうどいいくらいです。

一部の「特権階級」だけに許されると思われてきた、憧れの「職住一体」も、コロナショックによって一瞬で実現してしまいました。これまでは仕事と生活を切り離せていた根拠は「場所」でしたが、その前提さえ無意味になってしまったことが証明されたのです。

コロナ禍でテレワークをするようになって、ビデオ会議中の相手の画面に、子どもが顔をのぞかせてきた、という経験をした人もいるのではないでしょうか。私も、それで社員のお子さんと初めて対面することもあり、微笑ましい気持ちになりました。今では、ご家族の顔や名前もわかるようになってきたくらいです（笑）。

仕事と生活が統合されていくと、このように社員の中でも「仕事人としての付き合い」から、「全人格的な付き合い」に変わってくることがあります。これまでSNSで垣間見る程度だったことが、よりわかるようになったともいえます。もちろん、そういった状況を好まない人がいることも尊重されるべきです。

つまり、**私たちはこれまで以上に仕事と生活が「統合」された環境の中で、仕事相手の家庭の事情も配慮しなくてはならない。**そして、自分の仕事観や家庭観と異なるところがあったとしても否定をするのではなく、各々の事情を鑑み、対話をしながらより良い在り方を探していく。

それこそが、これからのスタンダードな「仕事と生活」の関係性となるのだと思います。

18

どうして、「仕事の意味」も考えずに働けていたんだろう?

Before

ミッションやビジョンとかは「建前」

矢部純一は「またこの季節がやってきた」と思っていた。桜が咲いたわけでも、蝉の歌が聞こえたわけでもない。目の前に、同じような髪型、同じようなスーツの学生たちが居並び、同じようなことを言う……「採用にも若い現場目線を」と、人事部でもないのに矢部は採用面接に駆り出されていた。

初年度こそ熱意もあったのだが、3年目になると飽きが来た。誰も彼もが同じ顔にさえ見えてくる。5年目ともなると、すっかり興味を失っていた。

「えーっと……まずは志望動機を教えてもらえますか」

指名された学生は、きれいにそろえた両足を、わずかに矢部のほうへ向けて話し始める。

「まず私は、御社が掲げていらっしゃるビジョンとミッションに惹かれました」

(出た、ビジョンとミッションから入ってくるパターン)

矢部が独自にパターン分類している学生でも、一昨年くらいから増えたのが、このビジョンやミッションへの共感を入り口にしてくるケースだ。

(で、そのビジョンとやらに紐づく、自分のサークル体験を入れてくる、と)

想像通りの展開に、いくらか話が大きく膨らんでいそうな体験談を受け流しつつ、矢部は彼らが話す「ビジョンとミッション」が全社集会で話された日のことを思う。周囲を含めた誰もが、これまでの社是と何が違うのかを理解できていないといった、あの微妙な空気感。

「……ビジョンとミッションって、なんで必要だと思う?」

形にするつもりのなかった言葉が、矢部の口から漏れ出る。学生は一瞬、体をこわばらせ、次の句を必死に探していた。

「あ、いや、独り言だから、気にしないで。ごめんなさい。サークルで頑張った話、もうちょっと聞かせてもらっていいかな」

After

目的合理性を重視するミレニアル世代の登場

「ちょっと質問いいですか？」

新入社員研修の早々だった。説明係で、指導係でもある矢部純一が、明日からの業務についての案内を終えようとしていたときだった。通例でも最後に質疑応答の時間は設けていたが、先輩から「たいていは何も聞かれないよ」と耳にしていただけに、新人の平山優馬の挙手に、内心びっくりしていた。

「えーっと……、平山さん、何でもどうぞ、答えられることなら」

「会社のビジョンとミッションについて、矢部さんはどのように理解されていますか。私たちが明日から携わることに、それはどのようにつながっていますか」

「……は？　び、ビジョン？」

「はい！　私はこの会社が掲げているビジョンとミッションに共感して入社を決め

たんです。どのような戦略のもとで、それを果たしていこうとしているのか、ぜひ伺いたくて」

平山の声は、はっきりと通って澄んでいた。それは、決して矢部に対して意地悪をしようとしていたのではなさそうだった。矢部もそれを感じ取っていた。

（こいつ、本気で共感しているし、本気で知りたいのか……？　あ、これがミレニアル世代というやつか）

矢部は答えに窮した。ビジョンもミッションも、正確なところははっきりと言えない。だが、ここを乗り切れなければ、先輩の威厳に関わる。

「ありがとう。明日からの業務に、直接的に関係することは少ないかもしれない。下積みのような仕事もある。それは、実現のためにはまず基礎的なことを習得する必要があるからだ。仕事をしていくうちに、体感できると思うよ」

努めて落ち着いて矢部は答えたが、平山の表情からするに、それはどうにも満足のいく回答ではなかったようだった。

How To

企業の存在意義をかけて、ミッションやビジョンを追求する

「ビジョン、ミッション、バリュー」といった企業理念の大切さが日本企業でも説かれるようになったのには、それが組織論としてのあるべき姿だからだけではなく、日本にとって「必要」な考え方になったからだと思います。

日本にも、かつては黙っていても右肩上がりを続けてきた市場があり、取り組むべき目標も明らかでした。世の中の経営者の多くは、ある意味では「ラク」なこの市場の再現を求めているかもしれません。その時代は、進むべき大きな方向性が社会によって明示されていたこともあり、個々人が考える必要はそれほどありませんでした。

まさに、私が就職をした1990年代あたりの世代は、右肩上がりの目標を誰も彼もが追いかけるのが当たり前の時代でした。その「勝利の方程式」が崩れた象徴的な事件が、1997年に相次いで起きた山一證券の廃業と、北海道拓殖銀行の破綻です。これ以降、自ら新たな方程式が見出せた人と、前時代を引きずったまま見

出せない人に、ビジネスパーソンも分かれていったと思います。

その後の現実はより厳しくなり、多くの事業で成熟を迎えつつある日本社会の大半では、かつての右肩上がりの夢が叶うことはもうないでしょう。今になっても「考えなくてもよかった時代」を引きずったマネジメントを続けていれば、企業には何かしらのタイミングで大きな不幸が起きてしまうはずです。


「考えなくてもよかった時代」の対極にいるのが、おそらく「ミレニアル世代」と呼ばれる若者たちでしょう。2000年代に成人や社会人になる世代を指すため、主には1980年代から2000年代初頭までに生まれた人（より具体的に1981年から1996年に生まれた人々を指す場合もあります）をくくった世代論です。

ミレニアル世代の特徴として、自分がすることの意味や意義をより深く考えるようになったことが挙げられます。仕事にも「やりがい」や「面白さ」を求めるような感度が高い一方で、これまで重視されてきた給料やポジションは優先順位が下がるのです。

私もIBMで人事を担当してきた頃から、彼らのような若い世代と会話をしており、その変化はやはり肌身で感じられました。これからの日本社会を牽引していくのは彼らだからこそ、企業はミレニアル世代が「働きたい」と思えるようにビジョンやミッションを大切にしなければなりません。

ところが、前述のように「考えなくてもよかった時代」を引きずったマネジメントをしてしまう上司、あるいはミレニアル世代の価値観を理解しない上司からは、「最近の若手は仕事にしろ何にしろ意味を求めすぎる」という不平が出てくる。

逆に、そういう上司を見て、若い世代としては「あの人たちは、なぜ目的もなく、意味もわからないまま働けるんだ」と不思議で仕方がないようです。

若い世代への理解を助ける考え方として、「アイスバーグモデル」があります。「アイスバーグ理論」とも呼ばれますが、アイスバーグとは「氷山」を意味します。慣用句の「氷山の一角」から想起できるような、海面からすこしだけ顔をのぞかせている氷山をイメージしてください。アイスバーグモデルでは、海面から出た氷山の先端部分を「成果（または結果）」と捉えます。そして、海中に潜む大きな氷山の本体は、主に3つの要素から成り立っています。「能力・スキル」「ふるまい・習慣・行動」「意思・思い・人生哲学」です。注目すべきは、アイスバーグには給与やポジションといったものは含まれず、自己実現欲求の要素で構成されていることです。たしかに、お金があれば生活の安定感などは増しますが、必ずしもそれを第一義にするわけではないのです。特に先進国の若者からは大きく共感されているモデルであり、先ほど書いたミレニアル世代の価値観とも合致する部分が大きいといえます。私も、アイスバーグモデルによる理解は、一定の正しさがあると考えます。

ここまで解説してなお、「そんなのは方便ではないか」と思う40代以上の方はいるでしょう。実際に最近、ある広告会社の次長クラスの方から、こんなふうに聞かれたことを今でも覚えています。「君ら、本当に仕事で自己実現しようと思っているの？」と。一字一句違《たが》わずに覚えているのは、それくらいのショックがあったからです。

社会は確実に、若者たちが見つめる方向へ進んでいる最中であり、むしろコロナショックにより、その未来はずっと早回しで訪れてきています。

そんな時代に企業は、経営者は、何をすべきか。やはり**「ビジョン」と「ミッション」を決してお題目にせずに本気で取り組む**ことに尽きます。かつてのように進むべき大きな方向性が社会によって明示されない以上は、企業や組織、そして個人それぞれで、向かうべき目標を自ら作り出さなくてはなりません。

在宅勤務とテレワークが推進され、自律分散の働き方が浸透するほどに、「自分はなぜ仕事をするのかを見失ってしまう人」と、その環境下でも「ビジョンやミッションのために仕事ができる人」は、はっきりと分かれてきます。

組織のビジョンとミッションに、実際に働く本人たちのキャリアの方向性が一致したところに「働きがい」は生まれます。 いま、この関連性を「エンゲージメント」という言葉で表すことも増えてきました。企業は、社員のエンゲージメントが高い組織を作り上げることが競争優位性になり、プロダクトの強化になり、社員の幸福度への貢献になり……と、あらゆる人事的なファクターに効果をもたらすことを認識すべきです。また、働く側からしても、組織のビジョンやミッションから、自らのキャリアの方向性が乖離《かいり》したときが「辞めるタイミング」といえるでしょう。

まさに、「時間労働」から「価値労働」へのシフトにもつながるテーマです。

ここまで書いてきて、私はこの話を照れも臆面もなく、堂々と語れる時代が来たことが、嬉しくて仕方ありません。かつて、ある会社へ移った際に、転職の決め手になるほどに共感したスローガンが、実際にはないがしろにされていたことに、心底がっかりした経験があるからです。

社会的に、そして世界的に、企業の存在価値はよりシビアに見られる時代になってきました。コロナショックにより、その傾向はさらに進むことでしょう。この本のタイトルである「どうして僕たちは、あんな働き方をしていたんだろう？」は、実際に現場で働く私たち一人ひとりだけでなく、会社を動かす経営層にも当てはまる言葉なのです。

19 どうして、「我が社のルール」にこだわっていたんだろう？

Before

新入社員の意見よりも、ローカルルールを常に優先

（うちはオープンな社風で、働きやすい会社ですよ、って言ってたのにー！）

高橋麻衣はいつもより指先に力を込めてエンターキーを叩いた。そうしたあとで、周りからの視線を感じた気もして、ハッと首をすくめる。スタートアップから大手企業へと転職した高橋は2週間が過ぎ、そろそろ仕事にも慣れてきたかと思いきや、これまでとのカルチャーの違いに面食らってばかりいた。

プレゼン資料はデータだけでなく紙書類でも用意すること。稟議書のハンコは必ずまっすぐ押すこと（ズレていた場合は押し直す）。備品のコピー用紙を補充する場

合は総務に「使用報告」メールを送ること……その他、山のようなローカルルールに苦しんでいた。

「あのー……藤村さん、この得意先、見積りに変な項目があるんですけど」

隣の席の先輩社員・藤村孝に、その都度わからないことを聞く習慣がついていた。最初こそ藤村も優しく教えてくれてはいたが、質問の多さに時折、イラつきを感じるときもあるようだった。

「……どこ?」

「あっ、あの、これサーバー保守代金のところに、変な金額があるんです」

「商品名の型番で一回は検索してみた? これってサーバー室の傘立てだよ。うちは備品も納入できるから、なんでも売ったらプラスオンで計上していいから」

「え、それってお客さんのIT予算の範囲なんですか?」

「いいんだって! うちはそれで回ってんだから! 早く慣れてくれよ」

(怒らせちゃった……)

高橋は小声で謝りつつ、まだ承服もできないままだったが、仕方なくその書式にしたがって見積書をつくっていく。たしかに社風はオープンで働きやすいのかもしれないが、現場になじめないことへの息苦しさに、高橋は弱りきっていた。

どうして、
「我が社のルール」に
こだわっていたんだろう?

After

非合理的と判断したローカルルールは即変更

高橋麻衣は軽やかにエンターキーを叩いた。転職した先の大手企業では、高橋も携わっている新規事業の調子がとても良く、新たな人員も増えてきている。社内からの生え抜き社員はもちろんのこと、外部にも積極的に採用の手をのばしてきた。高橋が入社した頃、隣の席だった先輩社員の藤村孝も、昇進してチームリーダーだ。余裕も出てきたのか、人当たりもずいぶん良くなった。高橋とも仕事でタッグを組み、成果を出すうちに意気投合。今では社内で「名コンビ」と評されるようになっていた。

そこでふたりは、中途入社が増えてきたことも鑑みて、社内に暗躍する独自ルールに次々とメスを入れていった。電子化できるところは電子化し、不要だと思われるものも徹底的につぶした。総務から「全社的に変えられない」といわれた部分についても、自分のチームだけでも手続きを簡略化するなど、高橋が転職してすぐの頃に苦しんだ経験をもとに変えていったのだ。

「藤村さん、これ、エクセルで申請するの、言われてみたら謎ルールすぎません？」

「あー……　必要ないな。メッセージで済ませるようにしよう」

この「見直し会議」は日々続いていた。人員が増えてくるにしたがって、ふたりは質問をどんどん受け入れ、改善を繰り返しているのだ。

How To

コロナショックを理由に、「変わる会社」への変革を

転職、副業、起業が増えています。加えて、企業の買収なども、ありふれた話になりました。業界再編とまでいわれる企業合併のニュースも耳にします。

そのように「背景が異なる人」が混ざり合うことが前提となると、企業ごとにあるローカルなルールの存在意義は、ますます低下します。むしろ、そのようなルールがあることは「百害あって一利なし」。さらに言えば、SNSの利用者が増えていくなかでは、**そのルールが嘲笑の対象となり、場合によっては炎上すら招く可能性もあります。**採用候補者や、すでに働いている従業員にとっても、ネガ

ティブな印象を与えかねません。

ビジネスメディア「Business Insider Japan」が、2018年9月に実施した読者648人を対象にしたアンケートでは、「職場で非効率だと思うビジネスマナーに出合ったことがある」と答えた人は約9割（89％）にのぼるといいます。「メールを送ったあとに届いているのか電話で確認する」といった企業独自のルールなど、記事にはため息が出そうな文面が並んでいました。

中途入社の人材は、会社に「新しい知恵」をもたらす源泉ともいえます。これまでオフィスや部署内を支配していた「空気」に、中途入社の社員は素直な疑問を投げかけてくれる存在です。疑問を解消しないままだと、彼らはローカルなルールの意義や意味もわからないまま業務にあたることになります。仕事の進みは遅くなり、効率化をのぞむべくもありません。

転職がこれだけ多くなった時代に、中途入社した社員の意見や考えを尊重しないというのは、会社としてあり得ない選択肢なのです。

たとえ「我が社のルール」であっても、変えるべきことは変えなくてはなりません。あるいは「今までもこうだったから、これからも同じ」という態度は、現代社会では危険すぎます。

そもそも、**変えてはいけない伝統やルールなんて、本当にあるのでしょうか？**

ビジネスでいえば、「創業者の教え」や「経営者の原点回帰」は価値観としてあってもかまいません。しかし、環境に適応しなければ、企業そのものがなくなってしまう時代です。コロナショックによって、欧米でも何百年と続いた握手やハグ、キスの文化を改めなくてはなりませんでした。会社のルールや伝統も、目的と価値に照らし合わせれば、変える余地はあるはずです。

心がけたいのは、いつでも「可変域」を意識しながら物事を見つめること。伝統やルールに対しても、「どれくらい変えられるのか」を常に探ってみる。テレワークのビデオ会議でも何不自由なく仕事が進むとわかったように、実際に行動した人の中には、これまでの常識が塗り替えられた人も大勢いるはずです。

しかし、伝統やルールを変えようとする際には抵抗勢力が付きものです。

私は、まだまだインターネットが普及し始める前に、その導入を推進する仕事に

どうして、
「我が社のルール」に
こだわっていたんだろう？

ついたことがあります。とある重鎮からは、「1人1台のパソコンなんていらない。単なるブームなんじゃないか」と言われ、本気で議論をしてきました。

こういった経験はその後も至るところでしてきました。それらを経て思うのは、もはや説得よりも「行動」で示すのが、最も変化を起こすために有効だということです。

最近、ある保険会社で、有名なビジネスツールが全社員に導入されたと聞きました。利用実態を聞いてみると、若い世代は積極的に使い、シニア世代の利用率は低いままだといいます。もし、そのツールが業界のスタンダードになったら（事実、それだけの有名なツールでもあります）、社内の世代交代が一層速く進む要因となるでしょう。

コロナショックを経験した今こそ、ルールを変えやすいタイミングです。

というよりも、変化が遅れている理由に「抵抗勢力の存在」を挙げるのは、もはや「言い訳」に他ならなくなってしまいました。2020年の初頭、社会を一斉に変えられることは証明され、私たちはそれを目の当たりにしました。できない理由は、もうなくなったのです。

昨日までと同じ環境に居続けようとする先に待っているのは、ゆるやかな、あるいは突然の、終わりです。「どうして僕たちは、あんな働き方をしていたんだろう？」という言葉が、後悔とともに呟かれないことを、切に願っています。

20

どうして、「若い頃は下積み」が当然と思われていたんだろう？

Before

意味のない仕事？
イヤイヤながらやります

森田遥香は、まだ誰も居ないオフィスのドアを開けた。朝の光が窓から射し込んでいる。森田の家からオフィスまでは片道1時間だ。毎朝7時に家を出るのは小学生のとき以来かもしれない。こんなことなら、無理をしてでもオフィスの近くに住めばよかった……朝の弱い森田は、給湯室で雑巾をしぼりながら、ため息をついた。

研修が終わり、配属された部署で、森田は「新人の仕事」にあたっていた。始業は朝9時だが、新人は誰よりも早く来て共用部などを雑巾がけするのが常だった。

「お、今日も早いじゃん、えらいな」

事務机を拭いていると、森田の1つ上の先輩である泉大樹が顔をのぞかせる。

「あ、泉さん」

「いやー、森田が来てくれてホント助かったよ、朝もゆっくりになったし」

「でも、まだ誰も来てないですよ、二番手なら十分早いですって」

「なんかもうクセになっちゃってさ。あと、先輩から今日の会議の資料をコピーしておけって言われちゃってさー……」

「あのー……なんかこんなこと言うのあれですけど、それって先輩たちが皆さんで用意すればいいんじゃないですか？」

「そりゃそうなんだけど……おい、絶対それ、聞こえるところで言うなよ」

先輩後輩は、顔を見合わせて、ため息をついた。

After

この仕事をやる意味を教えてください！

森田遥香は、口火を切った。

「この仕事の意味を教えてください」

いわゆる「新人の仕事」ばかりの悶々とする日々に、森田はついに決起した。5つ上の先輩社員が振ってきた「急ぎ」という書類整理の仕事は調べればすぐわかる程度のことで、なおかつ急ぐ理由がつかめない。森田はこの先輩の「急ぎ」に度々巻き込まれてもいた。

「は？　意味なんていいから、やれって言われたら、やるんだよ！」

今日の森田は辞さなかった。言い合いになっているところを、泉大樹が割って入っていく。内容を聞き、泉が承諾する。森田と先輩を引き離すことに、ひとまず成功した。

「先輩だって意味や意義もわからないまま、安請け合いしたらだめですよ！　だから私たちはずっと下働きみたいになるんですって！」

「森田の言いたいことはわかるよ。俺が承諾したのは、この書類整理は実は長年、部署の課題になっていたからだ。資料には商品開発に関するプロセスの記録も多い。世の中的には商品のストーリーを見せていくのが差別化になると言われているから、ここを洗い直すのは実は結構大事……なんだけど」

「なるほど……じゃあ、急ぎは急ぎだし、ちゃんと意義はあるんですね」

「そうそう。あの先輩の悪いクセだよな。森田、どうだろう。取り組めそうか？」

「私、大学生のときにも文献早く読むの得意だったんですよ！　やってみます！」

「もしまた意味がわからないことが出てきたら、相談していいからな」

森田のやる気に火を付けられた泉は、ホッと胸をなでおろす。とはいえ、泉も、安請け合いをしたわけではない。これを機に、森田とともに、仕事を1つずつ変えていくつもりなのだ。

How To

「なんとなく」はなくしていく。仕事の意義は自分から聞いてもいい

私にも下積みを経験させられたことがあります。大学を卒業して最初に入社した電通で、当時の新人は先輩たちより早い朝8時に出社し、雑巾がけをしなくてはなりませんでした。また、その日の新聞からめぼしい記事を切り抜き、スクラップブックにまとめたうえでコピーをして、先輩に見せるのです（そして、気に入らない記事が入っていると怒られます）。

どうして、
「若い頃は下積み」が
当然と思われていたんだろう？

雑巾がけはさておき、「新聞の切り抜きには意味がある」と、私が信頼する人もおっしゃってはいたので、私は時に怒られながらも無心で続けていました。

さて、職場が変わって、外資系企業のアクセンチュアやIBMに移ってみると、この考えに進展が起きました。これらの会社では、若い世代に無駄な下積みをさせず、優秀な人材はいち早く登用していくカルチャーがあります。年齢や社歴に関係なく、キャリアの逆転現象も当然に起こっていく。同い年で、同期入社でも、片や平社員で、片や役員クラスという差がつく世界も目の当たりにしてきました。

そういった例を見ると、「若いから」といって才能の芽を潰してはいけないし、つらい下積み生活が若い芽を潰してしまう可能性もあるのだと思うようになったのです。

現在でも、この点に関してはアメリカをはじめとした海外の職場環境を、私たちは鑑《かがみ》とすべきです。もし、海外企業で「新入社員は朝早くに来て、雑巾掛けから始めるんだ」と言えば、「どうして?」と返されるでしょう。「清掃員だっているじゃないか。彼らの仕事を奪っていいと思っているの?」とまで言われるかもしれません。

では、日本企業で「下積み文化」が許容されてきた理由は何かを考えてみると、かつては重用される人材に「体育会系」の文脈が強く、また勢力も強かったことが挙がると思います。ロジックがなく理不尽なことでも、先輩に課されたら「はい」と答えて、そのまま実行できる。そのための訓練の一種だったといえます。

その頃のビジネス環境は、売上や経常利益という目標に向かって、みんなでGNPを上げていくために突っ走る時代でした。基本的に「向かうべき答えが明確だった時代」であり、上意下達が成し遂げられれば、組織もビジネスもうまくいっていたのです。下積みという行為は、その時代の名残にあたるものだと捉えています。

スポーツの世界でも、かつてのように「いいからオレのいう通りに練習すればいいんだ」という監督に、もう選手たちはついていきたいとは願いません。もし、そういったチームがあれば、きっと「古いやり方だな」と感じるのではないでしょうか。これはビジネスにおいても同じです。

ビジネスでいえば、「入ってすぐに即戦力的な仕事をさせる」のが欧米型なら、「入ってからゆっくりと育てる」のが日本型といえます。日本型には定期的な新卒採用による人員の補充と、スキルのない若者が入っても下積みから一人前になれる仕組みがあった点で、メリットも確かにありました。一方で、新人時代は「使えない」ので雑用ばかり任せる、「とりあえず見ておいて」という意図無きＯＪＴになりがちといった問題も起きやすかった。

しかし、昨今は各大学がキャリアセンターを設けたり、若い世代が主力となって活躍する勢いあるスタートアップが注目されたりと、学生も就職後のキャリアについて意識する機会が増えています。

実際に、「もっと前線で仕事をしたい」と志向する人が、有名な大企業を早々に退職し、成長環境を求めてスタートアップに進路を求めるケースも珍しくなくなってきました。実際にアイデミーにも、誰もが知るような有名企業からジョインしてくれた20代の社員たちがたくさんいます。

まさに有名な歌詞を引くように「育ってきた環境が違うから」、下積みについての考え方も異なるようになってきました。では、どうすればこの両者が相容れるようになるのか。

この本でも幾度か書いてきたように、テレワークが当たり前になるとオフィスに来ることを前提とした下積みは成立しなくなり、また「なんとなく」という指示では部下や後輩は動けません。**上司や先輩には正しく依頼するスキルと、アカウンタビリティ（説明責任）が求められています。**

下積みについても同様で、任せる側は「任せるだけの意義」を考え、伝えなくてはなりません。あらゆる側面で「なんとなく」を使うことは禁止し、ひとつひとつを形式知化できないかと考えていきましょう。

そして、この文章を今読んでいるあなたが「任せられる側」だとしたら、**能動的に意義を求めるようなアクションを起こしてもいい**でしょう。任せられる側として最も良くない姿勢は、漫然と「先輩に言われたから」「下積みだから」という理由だけで、手を動かしてしまうことです。任せてきた先輩が意義を説明してくれないなら、自分から言語化をし、ストーリーを組み立てるのも一案です。雑巾掛けや記事の切り抜きに近い作業なども、そこに意義を見出し、戦略的に取り組めれば、いつかあなたの身になります。

世の中には「下積みは全て不要」と言い切る方もいますが、私は必ずしもそうは思いません。ひとつひとつを形式知化していないだけで、実は意味や意義があるこ

どうして、
「若い頃は下積み」が
当然と思われていたんだろう？

と、目的合理性が高いことも、現実には課せられてきていると思います。

人生やキャリアの目的を定め、そこにつながっていると感じられるのであれば、下積み的行為も目的に達するためのステップの1つになります。そのように考えを転換できれば、やらなければならない仕事として取り組みやすくなるでしょう。

今後は一層、「何も考えてこなかった若者」はより不利になり、「意欲ある若者」には多くのチャンスがめぐってくるようになるのです。

21

どうして、「先輩」というだけでエラそうにできていたんだろう？

Before

リアルだから伝わっていた「先輩の威厳」

「おーい、江口、これ資料まとめといてくんない？」

パソコンの画面に向かい合っていた江口拓は、その呼びかけに手を止めて、体を向ける。すこし遠くから手をひらひらとさせている安藤大貴の姿に、聞こえないように小さくため息をつく。体も自分より大柄で、年齢と共に腹回りまで大きくなってきたような安藤は、実年齢よりはるかに上に見えるようになってきた。最近は凄まれると、知っている人なのに怖い。

（……オレも忙しいんだけどなぁ……絶対、便利に使えるヤツって思われてそう）

と、江口は思ったが、口には出さない。自分より3年ばかり先輩である安藤は、なにかといえば江口に仕事を回してくる。営業成績もそれほど大きくは変わらないはずなのだが、口答えしようものなら明らかに不機嫌になるとわかっているので、江口は何も言わない。有効な手立てをもって断りたいのだが、まだ見つかっていない。ややもやしながら受け取るも、その声にやはり不服な色がにじんでいたらしい。

「えっ、なに、できないの？　やってよ」

「いや、大丈夫ですよ」

「明らかにやりたくないオーラ出てるじゃん」

「すみません、違うことで悩んでただけです。拝見しますね」

安藤はまだ何かを言いたげだったが、自席に戻ろうとする江口を引き止めるほどではなかった。江口は頭のなかで、さまざまなシミュレーションをして、どうにかこの不毛なやり取りをなくすことを考える。

（あいつより偉くなるしかないのか？　後輩が入ってきたら、オレもああなっちゃうのかなぁ……いやだなぁ）

After

リモート環境で「威厳」は通じない

ビデオ会議には、ほとんど均等なサイズで顔が並んでいる。リアルで見ると大柄に分類される安藤大貴であっても、カメラとの距離もあって後輩女性と同じくらいに見える。

安藤に何かと「顎で使われてきた」と感じていた江口拓は、テレワークと在宅勤務が主軸になってきたいま、心安らかな日々を過ごしていた。

（いやー……安藤さんと現実で会わないというだけで、こんなにラクなもんかね）

気軽に座席までやってくることもなければ、急な呼び出しもない。チャットツールでいきなり声をかけられることはあるが、返事をするタイミングも選べるため、江口の中では優先順位をずっと下げて対応していた。

「あー……えっと、江口、例のクライアントに提出するレポートだけど、やっといて……もらえない？」

ふしぎと口調がやわらかくなってしまうのは、想像以上にビデオ会議だとぶっき

どうして、
「先輩」というだけで
エラそうにできていたんだろう？

らぼうに聞こえてしまうことが、安藤もわかってきたからだ。

「すみません、カレンダー見てもらうとわかるのですが、ちょっといまタスクが詰まっているので、難しそうです」

面と向かって言えなそうなことも、江口は理由をつけて返せるようになってきた。

(最初からこんなふうに言えればよかったのか……)

ビデオ会議が終わると、江口はカレンダーに入れた「架空の予定」を整理する。

さらに、最近入ってきた後輩に対して、自分の仕事を手伝ってほしいことをテキストで丁寧にまとめる。後輩は快く手伝ってくれると返事をくれた。

(この調子なら、成績で追い抜くのも時間の問題かな!)

頭のなかで何度も痛めつけてきた安藤の姿はもうない。この手伝ってくれる後輩のためにも、江口は自分がしっかりと結果を出すことを誓うのだった。

How To

誰に対しても「指示」はせず、「依頼」をする

いよいよ**「ビジネスパーソンが丸裸にされる時代」が到来した**――私はそう感じています。

たとえば、「場を飲む」という言葉に代表されるような、人間としての存在感や威圧感は、ビデオ会議が主体となった環境では通じにくくなります。相手がやたらと声が大きいだけの人でも、自分が苦手だと思える人でも、役職や経歴が華々しい人でも、ビデオ会議なら相手の言葉を聞き流そうと思えば、いくらでも可能です。

以前、アイデミーで某大手損害保険会社の専務とのビデオ会議に臨みました。アイデミー社長の石川は1992年生まれ。一緒に会議に出席した私から見ると、いくらか緊張の様子は見えるものの、これが「役員室の豪華な応接セットで相対していたら、もっと緊張していたかもしれないな」と感じました。

それだけ、リアルの場で演出できる「威厳」は、私たちの判断能力などに影響を

与えているともいえます。

ところが画面のなかでは「上下関係」も、「威厳」や「意向」も通用しにくい。相手の関心は、実際に話される内容にフォーカスされます。

だからこそ、私は「丸裸にされる時代」なのだと考えたのです。

仕事において特に「威厳」が働きやすいのは、上司から部下への仕事を割り振るときです。従来はケーススタディのように「これ、やっておいて」と伝えるだけでも、部下は空気を読み、意味や理由を察しながら、仕事を進められたでしょう。むしろ、そのように動ける人が「デキる人」と思われてきた節もあるくらいです。部下はすぐそばに居る先輩や同僚などから、上司の意向や情報を引き出して、望むような成果をあげようと躍起になる……といった光景です。

ところが、こういった威厳や空気がビデオ会議やテレワークで通じにくくなると、従来のようなやり方では、仕事は前に進みません。ここで上司に求められるのは、**指示ではなく「依頼」です。** ケーススタディの男性のように、自分が依頼したい内容を言語化して相手にしっかりと伝える心配りが必要です。

そのためには、相手を対等な関係として捉えるためにも、お互いに言葉は敬語であるべきでしょう。この時代では、作業を「指示」するなど、おこがましいくらいです。正しく作業「依頼」をして、パートナーシップを構築していきましょう。

従来のビジネスの現場では、威厳や上下関係が重視されてきたがゆえに、おそらくテレワーク時代においても、かつての流れを引き戻そうとする勢力が出てくると想像します。特に、それが既得権になっていた人なら、なおさらです。

実際に、SNSで「ビデオ会議では上司がログアウトしてから、自分もログアウトする」といった不毛な所作が生まれつつあると目にしました。これも引き戻しの一端でしょう。

私としては、そういったものに頼っているうちは、上司として「本物」ではないと感じますし、今後はますます人材として通用しなくなるはずです。音声でも文字でも、これからは「中身」で勝負することを、常に心がけたいものです。

自称「先輩」たちは、表情や姿勢、態度などで存在感を示してきたようなことを、オンラインでやったら滑稽でしかないと自覚すべきです。「先輩」といえど、その意味は単に早く入社しただけ。それ以上でも以下でもないのです。

22

どうして、「若手」だから会社を変えられないと思っていたんだろう？

Before

「若手」が会社の方針に口を出すなんて……

「この業務の仕組み、煩雑すぎませんか？　合理的とは考えられないのですが」

月例の営業会議は、その一言で空気が冷えた。「鶴の一声」という言葉を持ち出すまでもなく、営業部長の方針を唯々諾々と受け入れることが常であった会議に、営業部の若手社員である加藤哲平は初めて参加していた。その会議に参加することは、加藤が先輩の手を離れて独り立ちする証でもあったが、教育係であった坂口太一は肝を冷やした。

立ち上がった加藤の目は爛々としていて、部長に物申す意欲がにじみ出ていた。

坂口は、その横顔に向けて小さく声をかける。

「加藤、ちょっと、やめておけ、今は」

聞こえないのか、無視しているのか、加藤はその言葉にも動じなかった。

「君は誰だ？　見ない顔だな」

自分の方針を否定されたことに、営業部長は不服そうな声音を隠さない。

「営業部の加藤です！」

「私が決めた方針に不満か？」

「いえ、不満というよりは、理由がわからない、と感じた次第です。いまは電子契約システムも発展していますし、良いやり方があるのではないでしょうか」

（あぁ、加藤、もうやめてくれ……あとで怒られるのはオレなんだから……）

「坂口、お前はどう思う」

ふいに営業部長から呼ばれた自分の名前に、坂口は飛び跳ねるように姿勢を正す。

「はっ、はい！　えーっ……会社全体に目を配っていらっしゃるのは、なにより部長ですから、その進め方が現段階では最善だと……は、思うのですが……」

「ですが？」

「あっ、いえ！　あのー……加藤には、あとで私から話しておきます」

坂口は、加藤のスーツの裾を、机の下で軽く引っ張る。その合図に気づき、しぶしぶといった動作で加藤は席につく。若手社員が全体の方針にいきなり口を出すなんて、前代未聞だ。たしかに仕事がデキる若手ではあるが、「この会社のルール」をしっかり伝えておくべきだった。坂口は頭をかいて、息を薄く吐いた。

After

社会を見れば、「年下」の偉業にあふれている

業務改革の名のもとに社内に設けられた「アイデアボックス」に、営業の承認プロセスや議事録の作成など、さまざまな観点から加藤哲平は改善案を投げ入れてきた。加藤からすれば、この会社は「変えたほうがいいことだらけ」に思えたのだ。

「僕、正式に経営企画室に異動することになりましたよ」

教育係の先輩社員・坂口太一に、加藤は告げた。

「えっ、そうなのか？　だって入社して、まだ3年目だろ？」

「アイデアボックスに毎日のように投書しまくってたら、経企の部長が『こいつ面

白そうだから呼んでこい』ってなったみたいです」

経営企画室の部長といえば、社内でも急進派・改革派で知られた人物だった。敵も多いが人望もある。臆することなく意見を言う加藤は、たしかに相性が良いように思えた。

「でも実際、あのアイデアボックスに投書しているのって、入社10年目くらいまでの社員がほとんどらしいっすよ。みんな普段は言うところがないから、溜まってるんでしょうね」

からからと笑う加藤の姿に、坂口はいつかの営業会議を思い出した。自分も理解しがたかった営業部長の方針に、何も言えずに黙っていたときの居心地の悪さ……。

「坂口さんもどんどん思ったことは言ったほうがいいっすよ」

「うーん、できるかな。怖くないか、やっぱり」

「命まで取られるわけじゃないですし……それに」

加藤は大きく両手を広げて、目を光らせて、言い放つ。

「変えたほうがいいことなら、変えないと！　若手も何もないっすよ！　ほら、坂口さん将棋好きじゃないですか。高校生棋士が名人に勝つ時代なんすよ！」

その言葉に、坂口はハッとする。あの棋士の歴史的な勝利も、昨日見たビジネス

どうして、「若手」だから
会社を変えられないと
思っていたんだろう？

雑誌の「経営者インタビュー」も、年下の偉業だった。会社内のルールには従うものと頑なに閉じていた坂口の意識は、ゆっくりと開いていった。

How To
「若手」という言葉は逃げ。ルールは「例外」をつくって変えていく

ビジネスの現場でよく聞かれる単語に「若手」があります。便利な言葉なので、本書でもたびたび使ってしまっています。でも、若手って、入社初年度はさておき、いったい何歳くらいまでを指すのでしょう?

……と、尋ねてみましたが、これに明確な答えはありません。スタートアップであれば入社3年も経てば下手すると中堅で、マネージャー職に就いていてもおかしくありません。

一方で、30歳くらいまでは若手（つまり、四大卒だと入社8年目あたり!）として見る会社もあります。それでも、若手というあやふやな単語は使われ続けています。

ある有志のビジネスパーソンの集まりを目にしたとき、そこでは「業界を超えた若手社員がつながる」といったフレーズが冠されていました。これは「自称」若手であれば入会ができるという意味かもしれませんが、私はどうにも違和感を覚えました。

その居心地悪さの理由を考えてみると、若手というレッテルを自らに貼ってしまうことに、無意識的かもしれませんが、どこかで「逃げ」の姿勢を感じとったからでした。

もし、否定的な文脈で「彼は若手なので」と他人に使えば、それは相手を下に見ていることになります。自分に「私は若手ですから」と用いれば、それは責任転嫁といえます。

さらに、スタートアップの躍進が目覚ましい現在のビジネス環境では、「若手」は実にちぐはぐな言葉となってしまいました。私が執行役員を務めるアイデミーを創業した石川聡彦は1992年生まれ。彼は2014年に起業しており、20代前半から今のポジションを務めてきたことになります。アイデミーの社員も20代で執行役員など主力を担うのは当たり前です。

もし、石川に対して「30歳までは若手らしいですよ」と言おうものなら、一笑に付されることでしょう。

アイデミーの社員が「若手」と自称しないのは、自分がこの小さな組織のなかで、早い段階から活躍することを強烈に意識し、行動しているからに他なりません。その当事者意識があればこそ、若手というくくりの無意味さにも敏感といえます。

つまり、**自分を若手と言っている時点で「当事者意識の欠如」が起きる。**

意外にも、この軽く使われる言葉には、ビジネスパーソンとしての考えが表れてくると、私は思うのです。


この本でも繰り返し書いてきたように、今後はテレワーク環境で個々人の自由度や裁量が増え、仕事の価値が成果で測られる時代になっていくとすれば、年齢が若いかどうか、入社年次が早いかどうかは、何の基準にもなりません。年齢、年次、職位にかかわらず、「やりたいこと」と「やるべきこと」ができる時代になったのです。

それを自覚し、あなたを「若手」とひと括りにするような人を、一日でも早く追い越していこうではありませんか。

さて、気概はわかったところで、これも大企業をはじめとしてよく聞かれるのが、「とはいえ、ルールがあって進めない」です。若手の中にも序列があり、先輩社員の言うことを聞かなければいけなかったり、研修や制度を使える年次が限られていたり、さまざまな事情があります。

まず、前提として「ルールは変えられる」と考える大切さはすでにお話をしましたが、もう1つの観点をここで提示しておきましょう。それは「ルールがあるなら例外もある」です。たしかにルールは守るべきですが、それを破ったり壊したりするのではなく、**決まりごとがある以上、例外を設けることもまた可能になるのです。**

私がIBMへ出戻りしたとき、人生で初めて「セールス」の肩書きで入社しました。そのせいもあって、扱いは新入社員と同等。会社のルール上、いわゆる「セールススクール」に入らねばならず、1ヶ月近く拘束されることになりました。その間は当然、営業活動もできません。

ここで「やりたくないので行きません」といえば、ルールを破ったことになってしまいます。そこで私は、そのスクールの研修を免除する「例外申請」を取りつけることにしたのです。もちろん、自分が例外である理由を論理的に整理した申請書をしたため、承認ルートを確認して根回しをしたうえで実行しました。手間がかかる作業ではありましたが、1ヶ月近く拘束されるリスクを思えば大したことではありません。が、多くの人はチャレンジすらしないのです。

「ルールを守る」ということの度合いは、目的に対する合理性で判断されるべきです。もし、あなたの目的が「会社を変える」ことなのであれば、年齢や社歴を言い訳にせず、今ある全てのルールを疑う、くらいの気概をもって臨むべきでしょう。

23

どうして、「学び続けずに仕事だけしていればOK」だったんだろう？

Before

休日にビジネススクールとか、相当な変わり者

「おい！　お前もそろそろゴルフ始めろよ、ゴルフ」

本田剛はデスクで仕事をする鈴木慶の肩を叩きながら言った。課長であり、直属の上司である手前、この誘いをのらりくらりとかわしてきたが、鈴木は限界を感じ始めてもいた。

「いやー……僕、ちょっとかじってみたんですけど、向いてなさそうで……」

「別にうまくなくたっていいんだよ。一緒にホール回ってさ、そのあとクラブハウスでビール飲めればいいんだから」

「そういうもんですか……」

「だいたいお前、平日もさっさと帰るし、休みの日だって何してるんだ？　まだ歳だって28くらいだろ？　遊びまくってるんじゃないのか」

鈴木は、カバンから一冊の本を取り出す。通っているビジネススクールの参考書だった。自分が尊敬しているビジネスパーソンが、どのような経験をして、また講師としてどう教えてくれているのかを、鈴木はすこし頬を熱くしながら、語っていた。

最初こそ、本田はぽかんと話を聞いていたが、やがて遮るように割り込んだ。

「あ、あぁ……何もお前、休みの日に勉強しなくてもいいじゃないか」

「いやいや、平日は仕事もありますし、休みの日こそ、なんですよ！」

「変わってるな、お前……」

「本田課長も逆に、どうですか、スクール面白いですよ」

「オレは遠慮しとくわ……」

本田は、ついっと鈴木のデスクを離れた。なるほど、これが良い断り文句になるらしい。

After

仕事のプロフェッショナル化で、生涯学習が前提に

「お前もそろそろゴルフ始めろよ」

本田課長が、若い社員に声をかけている。そのお決まりのセリフを耳にしながら、鈴木慶は近づいていった。

「本田さん、勘弁してやってくださいよ。こいつの腕の細さ見たらわかるでしょう？　クラブ振ったら折れちゃいますよ」

本田を追い抜く形で鈴木が部長に昇進し、初めて配属されてきたのが、その困り顔をした部下だった。彼の腕をとって、鈴木は冗談めかして言う。部下は内心、「鈴木さんが来てくれた」とホッとしていた。

鈴木はビジネススクールで得た知識をもとに、自社の持つ技術を転用した新たな商品を企画・開発、いまはその部署の長になっていた。全社的に導入された顧客管理ツールも、もともとは鈴木が自ら使い始め、成果を出したことが評価された形だった。大学では文学を専攻していた鈴木は、その後も社外での学びを続けている。

どうして、
「学び続けずに仕事だけしていればOK」
だったんだろう？

マーケティング、思考法、組織開発……これまで触れてこなかったビジネス領域の知見は膨大で、かつアップデートされていくので、やるべきことは無数にあるようにも感じられていた。

そして、学びと仕事の中から、鈴木はマネジメントという自分の得意領域を見つけ出した。作り出す商品も新市場を切り拓いている最中にある。常に学び、他社とも果敢にコラボレーションしながら道を創る……鈴木は今の部長職に、大きなやりがいを覚えていた。

「お前、まだ通ってるのか、あの、なんとかスクール」

「ええ。オンラインでも受けられるので便利ですよ。本田さんも、どうです？」

「遠慮しとくわ……オレは勉強なんかしてこなかったが仕事はできるんだ」

その本田の言葉に、鈴木は特に応えなかった。ただ、小さくうなずいただけだ。

本田のもとから部下が相次いで退職していく事件は、部署を超えて鈴木の耳にも届いていた。

How To

仕事の学習効果は高いか低いか？
大学院レベルの専門知識も目標に

ケーススタディのように、以前までは「オレは勉強なんかしてこなかったが仕事はできる」と胸を張る世代がいて、またそれが一定の尊敬を集めていました。かつての日本企業は年功序列と終身雇用というベースを持っていたがゆえに、**その企業内だけでも通じるスキルを多く習得し、深めていくことが重視されてきた**のでしょう。

たしかに、その会社内だけのキャリアパスを考えれば、そのような考え方もありえます。しかし、今の30代以下で、そこまで会社と自分の将来に確信を持てる人は皆無に近いはずです。

仮に転職をしないにしても、現在では、自社だけでなく他社とコラボレーションをしたり、全く異なる業界と手を組んだりと、一社独占で物事を進めるよりも、横断的に物事を考えられることが歓迎されます。つまり大切なのは、自らが持つ知識を体系立てたり、社会に還元できたりすることであり、そういうことを実現できる人ほど、仕事の幅（＝キャリアパス）も広がるわけです。

したがって、自ら学習する人と学習しない人の差は、今後ますます大きくなるばかりです。折しも、コロナショックによって、産業界全体が大きく再編されていきます。**他社・他業種で活躍できる人材か否かで、業界再編後の人生も大きく変わるでしょう。**

また、世界が真の成果主義へ舵を切っていくなかで、これまでの接待などを含めた「人情商売」は通じにくくなっていきます。むしろ、顧客の経営状態を把握し、マーケティングに関する知識を活かして課題を解決するといった「成果商売」に対応するためにも、ビジネスパーソンは潮流を押さえ、事例を知り、学び続けていくことが必要になるのです。

これからのビジネスパーソンが取るべき「学びの戦略」は、大きく2つあると考えます。

1つは、あくまで自分の仕事で成果をあげるために、直接的に役立つことを学習していく方法です。この方法が適しているかどうかは、仕事における**「学習効**

果」が高いかどうかによります。たとえば、営業職や、総務や経理といったバックオフィス職に就いている人は、同じ部署に何年もいれば、仕事にも慣れ、特段に何かを学ぼうとしなくても日々をこなしていけるようになるでしょう。そうすると、日々の仕事から学習できることは減っていきます。自分からテーマを見つけて挑戦しない限りはスキルアップやキャリアアップが望めず、結果としてキャリアも横ばいになりやすいのです。

一方で、エンジニア、コンサルタントなどの典型的なプロフェッショナル業務は、常に対象となるプロダクトや企業・業界について学び続けなければ仕事がまわらないため、学習効果の高い仕事といえるでしょう。自分の仕事がこちらに該当するのであれば、日々の業務の中で学習をしていく、という道もあり得ます。

仕事の学習効果が低い場合には、「学びの戦略」の2つ目を選択することになります。つまり、自分が学びを深めるテーマを見つけ出し、アップデートを続けていく方法です。

といっても、営業職や総務・経理のような、一般的には専門職と見なされない仕事では、学習のテーマを持ち続けることは簡単ではありません。そこでおすすめの方法としては、業務に関連するテーマで、大学院のマスター（修士号）やドクター（博士号）を目指すことです。

マスターないしドクターは、大学学部での「与えられた範囲での学び」とは異なり、自らテーマを見つけて研究を深めたからこそ、その称号が得られるものです。専門知識だけでなく、この「自ら研究テーマを見つけて学びを深める」という姿勢から得られることに、大きな価値があるのではないでしょうか。

かくいう私も、いまだにドクターを修めることは諦めていません。周りにも同じくらいの年齢でドクターに挑戦する人も増えてきました。私の祖父も70歳くらいでドクターを修めた者の一人で、それが可能であることを証明してくれました。

今は「学び」に対してのハードルも下がってきました。私が教壇に立っているグロービス経営大学院は、学生数を年々増やしています。今やオンライン講義がメインになってきているため、19時まで仕事をしてから、すぐにそのまま講義を受けることも可能です。在宅勤務なら移動時間も気にならなければ、同僚の顔色をうかがう必要もありませんからね。

24

どうして、自分の「キャリア」を真剣に考えなかったんだろう？

Before

とりあえず仕事を頑張ればOK！

「あぁ、忙しい、忙しい……なんでこんなに忙しいんだ……」

入社6年目の大島圭介は、押し寄せる仕事の波のなかで溺れないように必死だった。大学卒業後に大島が勤め始めた会社は、業界では「中堅どころ」と評される一方、激務であることもよく話題にのぼった。顧客への価値提供を謳《うた》いながらも、実際は独自の技術や商材を特段に持たず、営業努力によってビジネスを続ける状況が続いていた。

大島は自社の状況をぼんやりとは把握していたが、目の前の仕事をこなすことに精一杯で、気づけば太陽が沈んでいるように感じることも、ままあった。

「戻りましたー」

外回りから戻ってきた大島の後輩、入社3年目の田村航が席につく。顧客への見積もり対応、アフターフォロー、新規提案の調整と、どれも集中してこなし続けなければいけない大島にとって、その声はどこか間延びして聞こえた。

「おい、田村。外回り、なんか収穫あったか。お客さんから何か聞き出せたか」

「それがどこもやっぱり懐が厳しいですね……うちが入りそうな会社は、もう他のところも入っちゃってますし……」

「お前そんなんで今月の目標、達成できるのか？　もっと体使って、足も使って、なんとか入り込めそうなところ見つけて、価格でガツンと叩いてこいよ」

大島は発破をかけるつもりで、そんなふうに声をかけた。

「すみません……大島さん、今日もデスクで昼メシですか」

デスクにはコンビニの袋が置かれ、食べかけのサンドイッチと、フタの開いた栄養ドリンクが置かれていた。

「ゆっくりランチなんてする時間ないんだわ。朝買ってきたよ」

「からだ、壊さないでくださいね」

田村はか細い声を残して、トイレへと消えていった。目で追うこともなく、大島はかかってきた電話を1コールで取る。

「いつもありがとうございます！　今からですか……ぜ、ぜんぜん大丈夫です！」

After

自分のキャリアを会社任せにするなんて！

「ここだけの話なんですけど、オレ、転職しようかと思ってるんですよ」

営業部のメンバー有志で「一杯やっていこう」と始まった飲み会は、入社3年目の田村航の一声で雰囲気がガラリと変わった。

「は？　なんでそういう話になるんだよ」

田村の先輩であり、教育係でもあった大島圭介は、やや怒りをにじませながら言葉を返した。グッと手元のビールをあおる。

「だって、うちの会社って、チャンスとか全然くれないじゃないですか」

「いやいや、お前、まだ3年目だろ。やっと今、仕事を覚えてきた感じだろ」

どうして、
自分の「キャリア」を
真剣に考えなかったんだろう？

「でも、オレの大学の同期とか、スタートアップでめっちゃ働いてるんですよ。この前、そいつと会ったんですけど、たしかに同じくらい忙しそうだけど、中身が違うっていうか……」

田村は、皿に乗せたイカの塩辛を、箸でつつきながら言った。

「それでオレ、考えてみたんですけど、この会社にいても自分の可能性が見えない感じがしたんです。これ、本当にやりたいことだったたっけな、この先、どんなスキルがつくのかな……とか」

その言葉に大島はいつもなら軽く説教するところだったが、田村の言葉を肯定も否定もできなかった。一理はあるのだ。しかし、業界内では一定の地位を得ており、そう簡単に潰れてしまう会社でもない。扱う商材について経験や専門知識が必要とされるシーンもある。大島の取引先には自分を指名してまで仕事を続けてくれる会社もあった。先輩の中には、目覚ましい成果をあげてポジションを若くして得ている人もいた。

たしかに日々は忙しい。あっという間に過ぎていく。それでも、大島はこの仕事を続けてこられた。会社の雰囲気も、尊敬できる上司やメンバーも好きだった。

「なるほどなぁ、やりたいこと、か……」

大島は自分の内面を見つめてみる。まだここでやれることが、自分には残っている気持ちもあった。一方で、田村の言う「可能性」も理解できた。揺れ動く気持ちを、一度、泡が消えかかったビールで流し込む。

How To

「当事者意識」と「プロフェッショナリズム」の間でキャリアを考え続ける

新卒で入社した電通を3ヶ月で辞めてからは、当時は第二新卒という考えも一般的でなかったこともあり、自分で望もうが望むまいが「会社を頼る生き方」は、もうできないと思いました。以来、いつも「これから自分は、どんなスキルを身につけていくべきか」を意識してきたつもりです。

しかし、世の中で働く人は、どうやらそういうふうに考えている人ばかりでもないぞ、と思うようにもなりました。

転職した会社がＩＢＭという大企業に吸収され、人事に異動したときのことです。

人事という立場になってはじめて、いかに会社に頼った考え方をしている人が多いのかがわかりました。そして、残念ながらそういう従業員が企業をリスクにさらし、企業はそういった従業員の対応に困っていることも知ったのです。

なぜ、そういう考え方をしてしまうのかといえば、「結局、会社は自分を守ってくれる」という暗黙の信頼があるのかもしれませんし、あるいは「自分では深く考えても仕方ない」という諦めもあるのかもしれません。

人それぞれに理由はあれど、それらの前提には「うちの会社はなくならない」といった、大企業にはびこりやすい、根拠のない確信があるのでしょう。

あなたが勤めている会社がどこであっても、「キャリア」は自分で考える必要があると私は考えています。とはいえ、20代のうちから「キャリアのイメージをしっかり固めなさい」と言われても難しいという声もありそうです。

しかし、そうであっても、まずは**「これだけは実現したい」という願望を抱くこと。**この願望を持っていないと、いつまでも会社に頼ってしまう生き方から脱せられません。会社が育成の機会や、しかるべきステージを用意するまで待ち続けるしかなくなり、異動の辞令も含めて主導権を握られ、言われるがままの行動をとっていくようになってしまう。それは日本全体が右肩上がりの頃には通用したのかもしれませんが、今はそうではありません。

願望を見つめるときは、「勤めた会社で社長になる」とか、「何歳までに部長に昇進する」といったローカルルールをベースに決めてはいけません。たしかに昇進は成長の手段の1つですが、それが叶う頃には会社そのものがなくなっていたり、そのポジションの重要性が希薄になったりしていることだってありますから。

重要なことは、**「あなたがやった、という仕事」を重ねていくこと。**会社の肩書がいつ使えなくなるかもわからない時代に、「あなたが何をしてきたのか」は評価の対象になり、長期的なキャリア形成においても確かなポイントになります。

さらにもう1つ、キャリアをつくる働き方のルールとしては、「この会社に自分は何を提供でき、その対価として何を引き出せるか」で考えること。言い換えると、**「当事者意識」と「プロフェッショナリズム」のバランスを考えながら仕事をすること、**になるでしょう。

私が強く「当事者意識」を感じたのは、ある生命保険会社の方と仕事を共にしたときのことです。彼らは自社の持つ社会人スポーツチームが大会に出場すれば、社員そろって応援に行くこともしばしばです。ハードワークも辞さず、大規模なシステムの切り替え作業などは、それこそ命がけの形相で実現させます。48時間くらいであれば徹夜もしますし、「そこまで作業が深まると、血液が下がって足がむくんで痛くなる」という経験も、何の気なしに話してくれました。

私はずっと、それは社員のみなさんが自社をとても愛しているからだと考えていました。たしかにその一面もあれど、私はそれに加えて、みなさんの行動は「当事者意識」が非常に高いゆえのものだと気づいたのです。自分たちが売る生命保険の必要性を強く顧客に説き、本気で理解してもらおうと励む姿を見ても、「自分はこの会社に何を提供できるか」を重視している当事者意識の高さを感じさせます。

これはこれで、幸せなビジネスパーソン像でしょう。しかし、一般論として当事者意識が異常に高い状態は、会社と心中しかねないという意味では、危ういバランスであるのも事実です。

そこで、同時に考えるべきは「プロフェッショナリズム」です。自分が提供した職能や成果といった「その対価として何を引き出せるか」の部分に当たる考えですね。ただし、高度な専門知識や職能をもつプロフェッショナルは、基本的には外部の人材です。

もちろん、彼らに当事者意識がないとは言いません。しかしながら、前述の生命保険会社の人々ほど、自社についての愛情や行動力をもつことは難しいでしょう。たとえばコロナショックのような大きな変化が起きたときに、当事者意識を発揮して、会社を変えようとまでは思わないわけです。

プロフェッショナリズムを持つ人材ばかりが会社に集まっていると、ビジネスとしてはうまくいく可能性があるかもしれないが、何かのきっかけで組織崩壊も容易に起こりうるということです。


これまでの日本企業の多くは、当事者意識を高めるようにコミットメントを強要する一方で、プロフェッショナリズムへの反発があったように感じます。しかし、ビジネス環境が変わるなかで、プロフェッショナリズムを持つ人材が絶対に必要となる局面も生まれてきました。

そこで、これから私たちがキャリアを主体的につくるために目指すべきところとしては、「当事者意識」と「プロフェッショナリズム」の両面を持ち合わせ、それをミックスしながら働けている状態なのだと考えます。

いま、あなたが仕事をしているとき、どちらの要素を強く感じるでしょうか。どちらも感じられないようであれば、まずは**「当事者意識」と「プロフェッショナリズム」のどちらかが育つまでは、自分磨きと目の前の仕事に集中すべき**フェーズだといえます。

もっとも避けなければならないのは、当事者意識の持てない会社で、プロフェッショナリズムにつながるスキルも高まらないような仕事を、だらだらと続けてしまうことなのです。

最後に、蛇足ながら「当事者意識」と「プロフェッショナリズム」の両方を高められる方法があることもお伝えしておきましょう。

それは、企業に「投資」することです。私は2020年の1月に、個人投資家の一人としてアイデミーへ出資し、関与度を深めました。その瞬間、自分のなかでもはっきりと当事者意識のスイッチが切り替わったのを感じました。やはり、自分から投じたものがあると、組織にとってガンになりかねないような問題など、これまでスルーしていたような事柄にもコミットして、解決しなくてはならないと考えるようになります。

言い方はよくないかもしれませんが、他人の血なら止まるまで見て見ぬ振りもできますが、自分の血が流れ出ていたら必死に止めようとします。投資をすることで、プロでありながら完全にアイデミーの当事者となったのです。

25

どうして、あんなに「転職」を怖がっていたんだろう？

Before

社内人事や同僚の昇進がいつもの話題。入社年次にもこだわる

「いやー、あいつが同期のなかで一番早くに出世するとはなぁ」

「お前が言いたいことはわかるよ。最初の配属先で、お荷物扱いだったたからだろ」

人事考課の季節を終え、缶コーヒーを片手に、同期入社の澤田隆と本多達也はベンチに腰掛けていた。50人近くいた同期入社から、最速でマネージャー職に就いたヤツが出たのだ。ふたりは、羨望もあり、嫉妬もありながら、その彼の新人時代の失敗エピソードの思い出を語って笑った。

「俺たち平成22年入社組は優秀とか言われてたんだけど、どこで分かれたのかな」

「まぁ、ここから頑張ろうぜ。ほら、ヘイロク世代いるじゃん」

「伝説の平成6年入社組ね。部長とか子会社社長とか、やたら多いんだっけ」

「ヘイロクの先輩たちも、結構みんな遅咲きだったんだって。どこでチャンスが来るかもわかんないしさ」

澤田は缶コーヒーを飲み干し、ため息をつく。

「あと何年くらいで昇進できるかな」

「それこそ昭和世代がこれから抜けていくし、ヘイロク世代くらいは採用数も少なかったはずだから、順繰りいけば意外と早いんじゃない？」

「そういえば、今年の新卒から転職した奴が出てきたらしいな」

「へぇ、ウチの会社、古いところはあるけど、けっこう給料いいのにな。このご時世によく転職みたいな冒険するよね」

本多が、グッと背筋をのばして、天井を見上げる。ふたりはその後も、会社内の先輩たちの動向や、これまでの伝説を振り返りながら、自分たちの「出世ロード」について語り合った。

After

「会社の枠」を取り払ったキャリアプランが前提に

「いやー、まさか社長がついに外から来て、同族経営じゃなくなるとはなぁ」

「それくらい、うちの会社も変わらなきゃだめってことなのかもな」

電撃的な社長交代劇に、澤田隆と本多達也の同期入社コンビは心が揺れていた。

それまで、ずっと創業家の跡継ぎが担ってきた社長を、外部のプロ経営者を初めて招くことになった。

ふたりが入社した平成22年の頃は安定・安泰・堅実と言われていた我が社も、急激に変わるビジネス環境のなかで変革が必要と判断されたらしかった。

「お前、どうするつもり、とかあるの？」

「ここだけの話、正直言うと、転職活動してるんだよ」

「え、ほんと？」

「やっぱへイロク世代もそうだけど、全然上も抜けないし、このままだと出世とかもいってらんないじゃん。俺らも35超えてきたら、もうそんなにチャンスないだろうなって」

「……実は、オレも転職活動してる。なんか、昇進とか出世って感じよりも、もっとお客さんに喜ばれるものを売っていくプロになりたいな、って思ってさ」

澤田は缶コーヒーをグッと飲み干し、自分の考えをぽつぽつと語り始めた。その言葉を受けて、本多も今後の展望を打ち返す。休憩室にあったテレビからは、同業他社で業界の「中堅どころ」と目されている企業が経営破綻の危機にあるニュースが流れてきた……。

How To

転職は目的に近づく1つの選択肢。ただし今の環境で「何か」をなしてから

私は複数回の転職を経験していますが、これまで所属した電通、アクセンチュア、IBM、デロイト トーマツ コンサルティングのいずれでも、こんな会話をした記憶があります。

「うちと普通の会社は違うから」

「普通の会社では通用しないよ」

つまり、みんなは「普通の会社」という仮想敵を持ち出したうえで、自分たちがいる場所を特別視していたいのだな、と感じました。

そして、当時の同僚に転職話をすると、「河野は会社をコロコロ変わっているよね」と言われたりもします。そんなときは決まって、「自分は変わっていない。周りが変わっただけだ」と答えます。私にとっての転職は、自分自身にそれほどの変化はなくとも、会社やビジネスを取り巻く環境が変わっているからこそ、それに合わせて居る場所を移しているにすぎない、というわけです。

そのように考えてみると、転職という手段を選ぶことは、それほどおかしなことではないと感じられませんか？

自分のなかに「やりたいこと」や「進みたいキャリア」があれば、転職はそれに近づいていくための選択肢の1つです。むしろ、嫌な気持ちを押し留《とど》めながら同じ組織に所属し続けるのは、自分としても雇う側からしてもお互いに不健全でしょう。

昨今はテレワークと同じく、リモート面接の広まりもあるので、時間や地理の制約はさらになくなり、希望の転職ができる人は増えるはずです。企業の経営者としては、リアル・リモート双方で「魅力的な職場をつくる」ことが、良いタレントを集めるために今まで以上に重要な仕事になっていきます。

さて、今回のケーススタディのように、かつては「同じ会社に勤め続けること」を前提として、雇用体系や育成機会の提供などが考えられてきました。また、働く側の仕事に対する向き合い方やキャリアといった価値観も同様です。特に、老舗の大企業や、ビジネスとしても保守的な面が強い銀行などに勤めている人には、今も顕著な傾向といえます。

そこで思い出すのは、かつてＩＢＭの人事部門で、それまであった研修制度をなくすように働きかけたときのことです。もちろん、こちらには正当だと考えられるだけの理由があっての改革です。その動きに対する反論を聞いたとき、私が想像していた以上に、「会社は機会を与えてくれて当然だ」という発想を持っている人が多いことに驚いたのです。

しかし、そもそも、自分のキャリアは自分で築くものです。

前提として、自分の頭で「すべきこと」を考える必要がありますし、それは日々の仕事でも同じです。目的を考え、自分で決めて、動けるかどうかが大切なのです。

おそらく、研修や出世のステップ、あるいは異動も含めてそれらが「与えられるもの」として機能している企業の職場は、社員が自分の頭で考える機会も少ないのではないか、という気がします（意図的に考えさせないようにしているのかもしれませんが……）。

研修講師をしていると、受講者に受け身の「企業研修」の人と、積極的な「自己投資」の人が混ざっていることがよくあります。講師側からは、両者の態度の違いはハッキリと見てとれます。まず、講義が始まった瞬間に「あ、この人は二日酔いだな」と、わかるのですが（笑）、予習、参加意欲、理解度など、学習からの吸収度にも差があるのです。


「良い転職」をするためには、まずは人生やキャリアの目的を決め、そこにつながっていることを意識しながら、仕事の実績を重ねること。これが、私のいまのところの結論です。

目的が定まっていれば、日々の仕事で都度起きる「嫌なこと」があっても、それは目的や「好きなこと」にたどり着くためのステップに変わります。

「これは自分のやりたいことではない」「会社が機会を与えてくれない」と考えているだけでは、目的には近づけません。どんな仕事でも成果をあげながら、それらもどこかで自分の進みたい道につながっている「有効な活動」だと考えられる人は、チャンスを引き寄せる可能性も高まります。

ただ、転職を選択肢に入れることは大切なのですが、最近では、また別の問題も起きているように感じます。それは、まだ実績や実力が伴わないうちから転職をしようと考えすぎてしまうことです。**転職を怖がるのも問題なら、まだ何もなしていないのに現所属企業などの名前だけで転職できると思い込むのも問題**なのです。

26

どうして、1つの会社でしか働けないと思い込んでいたんだろう？

Before

副業（複業）するなんて、変わり者

佐々木涼は、自分の机の荷物をまとめている男の背中を、遠目に見つめていた。その同僚は今日で退職するのだった。彼自身の働きぶりなどに問題があったわけではない。なんでも副業制度をはじめとする、社員ごとに自由な働き方が許されていることで話題のＩＴ企業に転職するらしい。

「副業したいから転職する、なんて信じられるか？　１つの仕事だって大変だってのに」

ぼんやりとしていた佐々木は、後ろから声をかけられ振り向いた。同期入社の千葉隆だった。

「まぁ、そういう働き方もあるんじゃないか？」

「2つも3つも仕事して、いつ休むんだよ。そんなの絶対うまくいかないって」

「どうだろうなぁ」

「やっぱり1つの仕事に集中してこそ、信頼されるんだよ！」

荷物を詰め終え、まわりに頭を下げている男の姿を、佐々木は見つめていた。千葉の言うことも一理ある。ただ……とも、佐々木は思う。会社の業績は、ここ数年、右肩上がりとはいえない。自分も今、仕事で成長できている実感はない。もし、今、自分がこの会社の外に出てみたら、どれくらい通用するのだろうか……。

After

大企業でも副業が解禁される流れに

「え、契約形態を変える？」

千葉隆が食堂で昼食をとっていると、隣りに座ってきた佐々木涼から、その話を

どうして、1つの会社でしか
働けないと
思い込んでいたんだろう？

切り出された。これまで同僚として共に働いてきた佐々木が、急にそんなことを言いだしたので、千葉は驚いていた。正社員として10年近くともに勤めてきた仲だ。このままふたりとも、会社のなかでしっかりと仕事をこなしていくだろうと思っていたからこその驚きだった。

「どうするんだよ、契約を変えた後は？」

千葉は、素直な感想を口にした。

「うちの会社も、去年から副業が解禁されただろ。そのタイミングで、実は友人の会社を手伝うことになって、そっちが軌道に乗ってきたんだよ」

「ってことは、転職するのか？」

「いや、そこは会社としても小さいし、まだ先行きがわからない。だから、半分ずつ籍を置こうかなと。こっちの給料的には半分になるけど、向こうのもあるから大ダメージってわけでもなさそうでさ」

佐々木はカツ丼を頬張っていた。去年「年をとると、本当に油ものが食べられなくなるんだなぁ」と笑いあった酒席のことを、千葉はふっと思い出した。意志ある前進が体も心も若返らせているのだろうか……。

「でも、正社員のほうが安心じゃないか？」

「オレはちょっと今はわかんないな。この会社もいつまであるものか……」

「やめろよ、縁起でもない」

笑って謝る佐々木の表情が、千葉にはまぶしく見えた。すぐに同じような選択をするつもりはなかったが、千葉は自分の中にも久しぶりに「新しい世界」への好奇心が動くのを感じた。

How To

水面下で副業を進めてリスクに備える

今では信じられないかもしれませんが、私の感覚ではほんの20年前……2000年代初頭まで、「正社員でなければ落伍者」のような扱いを受けることも少なくありませんでした。フリーランスになる、起業をするといったことは、チャレンジないし「ギャンブル」とも捉えられていたくらいです。

そもそも、無期でフルタイムの雇用だけが〝正〟しい社員である、という名前からして、それ以外は〝不正〟のような印象を受けますよね。

現在は働き方の柔軟さも増しており、フリーランスから正社員になる人もいれば、その逆もあり、また正社員による副業解禁の波も引き続き広がっています。現在でもサイボウズやロート製薬が副業を許可していることで有名ですが、今後も副業を解禁する企業は増えていくことでしょう。このコロナショックによる在宅勤務の増加も、柔軟化に拍車をかけています。

私が在籍していた頃のＩＢＭは基本的に副業禁止でしたが、実は正式に許可を得て自分名義の会社を設立し、もう1つの事業を手掛けていたことがあります。その経験も振り返りつつ、会社員でいながら副業を上手に進める2つのポイントをまとめてみます。

まず、副業を始めるにあたって**露骨な行動はまだ避けましょう。**世の中として副業解禁の流れがあったとしても、長らく「禁止」されていた環境に慣れてきた人からすれば、理解が追いついていない可能性はあります。周囲からの妬みを誘発したり、思いがけない妨害につながったりすることも考えられます。

自分自身、副業が主に講演や執筆ということもあって、メディアに出る機会が多くなりました。すると、社内からそれなりに批判を受けたり、誤解から誹謗中傷の対象になったりもしたものです。私の場合は結果的に公になったケースですが、本業にも副業にも悪い影響を及ぼしかねませんから、副業は基本的には水面下で進めていくほうがいいでしょう。

また、副業をするうえで、**高い倫理観**は必要です。本業との利害相反は絶対に避けてください。私が最終的にＩＢＭを去る判断をしたのも、自分のビジネスが成長して、ＩＢＭとコンフリクトする可能性が増えてきたからです。

キャリアの観点からも考えてみると、本業だけの「一本足打法」の人は、今後リスクが高くなるともいえます。直近で言えば、コロナショックによって大きな影響を受けた人もいるでしょう。たとえば、対面での講演や研修だけを生業にしていた人は、一時期、全く仕事がなくなってしまったと聞きました。突然、今までうまくいっていた会社が事業縮小するとか倒産するというケースも今までよりは身近です。業務のポートフォリオを複数持つことは、有事のリスクに備える意味もあるため、常に準備をしておきましょう。

とはいえ、駆け出しからの副業は勧められません。自身がまだ専門性を確立する途上にあると思える場合は、１つの業務に集中して力を蓄えるほうが、その後のトータルでの伸び代を鑑みてもおすすめです。

一方で、経営者や人事部といった立場で、「会社として副業を解禁するべきか」という判断を迫られている方も多いかと思います。私は明確な背信行為や利益相反でない限りは奨励する立場をとったほうがよいと考えます。副業から得られる情報や経験、ネットワークの構築などは、本業にも明らかに大きなメリットが見込めるからです。

仮に副業が軌道に乗り、結果として起業に成功したり、転職先に行ったりしても、当人とのネットワークは残ります。その際にも副業を奨励された人は会社に感謝するでしょうし、その関係をもとに将来の顧客になったり、ビジネスパートナーに発展したりすることもあります。

そのため、**副業は会社としても奨励し同僚としても応援してあげるほうが、将来的な展望を鑑みるとプラスに働くこと**が多いでしょう。

なお、副業の解禁は、社員の働き方が、自然と「時間労働」から「価値労働」へとシフトすることを促します。正社員が前提の「メンバーシップ型」雇用スタイルから、仕事内容が契約社員のように定まっている「ジョブ型」雇用スタイルへと変わっていくからです。つまりその意味で、組織文化を自然に、大きく変える手段と考えることもできるはずです。

社会的には、副業というスタイルの浸透は、スタートアップへの人材の供給も後押しするはずです。

実際に私も、いま執行役員を務めるアイデミーには、当初は「週の半分」の時間を使うことでジョインしました。そこから徐々にコミットする度合いを増やしていったのです。勤務体系を含め、主体的に自分のステージに合わせた選択ができたからこそ、アイデミーというスタートアップにこれまでの経験から得た価値を還元できる機会を得られたのだと思っています。もし、最初からフルコミット前提の打診だったとすれば、私は二の足を踏んだ可能性が高いです。

27

どうして、「リーダーシップなんて自分には関係ない」と思っていたんだろう？

Before

リーダーになるなんて、
だいぶ先のこと

（たった1時間、早いだけでもキツイなぁ……）

今日、有田さやかはいつもの始業より早く出社を命じられていた。有田をはじめ、会議室に集められた社員たちは、ホワイトボードに書かれた文字を前に、誰もがぼんやりした顔をしていた。

有田は手元にある資料をぺらぺらとめくる。

「えー、今日は朝早くからお疲れさまです。今日、講師をしてくださる……」

部長の児玉充が案内すると、きれいにネクタイを締めた男性が姿を現した。

リーダーシップ研修——その名目のもと、社員たちは男性が力説する話をメモしていく。入社3年目の有田にとって、それは理解できないわけではないが、自分からは遠い話のように感じられていた。

(私なんて全然若手だし、リーダーなんてずいぶん先の話なんだけどなぁ……)

周囲の先輩たちは、どのように思っているのだろう。ちらちらと顔を見ていると、児玉部長にたしなめられた。

「おい、ちゃんと話聞けよー、有田」

「すっ、すみません」

一度は背筋を伸ばしたものの、どこか遠い話であることには変わらず、有田のまぶたは重くなっていった。

After

危機のあとにはリーダーシップが生まれる

「私は、やるべきだと思います!」

どうして、
「リーダーシップなんて自分には関係ない」と
思っていたんだろう?

不慣れなビデオ会議でつながった顔ぶれを前に、有田さやかは声を上げた。部長の児玉充からの問いかけに、参加者が意見を表明できていない中で、有田は率先して話を始めた。全国各地で流行病が蔓延するなかで、これまで試みられていなかった在宅勤務をするか否か、またできるかどうかを、児玉部長は決めかねているようだった。

「みんなが特別、パソコンが得意というわけでもないしな……」

「でも部長、今は落ち着いて通勤ができる状況じゃないと思うんです。私、調べてみたんですけど、今はオンライン会議とかのツールもそんなに難しくなさそうです。使い方の資料もまとめてみます！」

有田の申し出に、児玉部長も表情を明るくした。その空気は、参加者たちにも伝播していく。資料づくりを手伝うという者、会社への説明を考える者……それぞれが意見を述べ、会社内でも率先して、この難局に立ち向かおうと決めていった。

「いやぁ、なんだか、うちの部署も変わったな。リーダーシップ研修のおかげかな？」

児玉部長は笑って言う。

「それもあるかもしれませんけど、……たぶん今は、みんな、なんとかしなきゃって頑張っているんだとおもいます」

「いやいや、それが本当のリーダーシップってもんだよ」

How To

リーダーシップは4つに分解すると理解しやすい

新型コロナウイルス感染症の拡大、という一大事に際して、誰もが「リーダー」の役割や存在に思いを巡らせたのではないでしょうか。

特に2020年の上半期は、いまだかつてないほどにリーダーの重要性、そしてリーダーシップという考え方にスポットライトが当たった季節でした。国家運営や地方自治だけの話でなく、ビジネスに関しても示唆を与える事例がたくさんありました。

私もニュースを見て、「この状況下で出社を強制するなんて、経営者は何を考えているんだろう?」と困惑することがありました。判断を誤れば命の危険にさらされる状況で、リーダーの采配と、それを選出する人たちの役割の重さを、見直す機

どうして、
「リーダーシップなんて自分には関係ない」と
思っていたんだろう?

会となったのです。

ケーススタディにあげたように、しばしばリーダーシップは、職位や地位を持つ人だけに必要な資質だと誤解されています。しかし、ポジション上のリーダーの立場からすれば、自分の方針を理解したうえで、その都度判断して動いてくれるメンバーがいてほしいと思うものです。

以前、IBMで部下にあたる300人の社員を相手に、1on1で面接をしていったことがあります。そのなかで、新入社員研修を経た入社1年目のある社員が「自分はポジション上のリーダーではないけれど、僕の立場からも発揮できるリーダーシップがあると感じました」という自覚を話してくれました。その中身を聞いてみると、「リーダーになった人が動きやすいように僕らが働きかけることも、リーダーシップだと思う」と、的を射た返答があったことを覚えています。

以上を前提として、改めて「これからの時代」に通用する最新のリーダーシップ論を紹介しましょう。

かつてのような、「良きリーダーとは、自らが強いリーダーシップを発揮して、社員を牽引していく存在である」というだけのリーダー像では、いまの予測不可能なビジネス状況や組織の多様性に対応しきれません。

もちろん、そういったリーダーシップが不要になったわけではありませんが、重要な概念が増え、また優先順位も変わってきたと言うほうが正しいでしょう。

自律分散、価値労働、デジタル的な価値観といった、これからの時代の特徴に合致したリーダーシップのポイントは、私は大きく次の4点であると考えています。

1 エンゲージメント
2 コミュニケーション
3 変化を捉える力
4 構想・実装力

転職や副業の一般化が進むにつれ、企業は社員から、「なぜ、この会社で働くのか」という価値観ベースで選ばれることになります。「ビジョン・ミッション・バリュー」を理解し、社員の「やりたいこと」と会社の「やるべきこと」をうまく結びつけていく――この「エンゲージメント」が、リーダーシップに必須の観点となってきました。

「エンゲージメント」で人を導かないといけなくなったのは、リーダーシップにおける大きな転換です。これまでのように年功序列やポジションを使った恐怖政治、あるいは評価や人事権といった上司部下の権力関係をベースにした強制力では、社員に自律的に動いてもらうことは難しいのです。

「コミュニケーション」は言わずもがなですが、特にエンゲージメントを高めるためのキーである社員の「やりたいこと」を把握するためにも欠かせません。

「変化を捉える力」は、「環境適応力」と言ってもいいでしょう。もし、あなたの会社がコロナショックの前後で、チームの戦略を見直していないようであれば、この力が著しく低いと言わざるを得ません。部下を持つ中間管理職クラスであれば、中期経営計画の内容を理解し、部下に正しくそれを理解できるように促すのも、この力の範囲といえます。

この力は「外圧的な変化に対して、いかに自分たちを適応させられるか」を問われるものですから、上層部から「降ってくる」と思えるような経営計画や仕事たちも、環境変化の1つと見ることができます。

さらに、変化を捉えたうえで、それに基づいた「構想・実装力」も必要です。態度ばかりが大きくて、実際に物事を進められないリーダーは、遅かれ早かれ実態がバレます。テレワーク時代による成果主義へのシフトで、それはより露呈しやすくもなりました。

このように、リーダーシップを分解してみれば、必ずしも天賦の才ではないことがわかると思います。スキルとして、経験を積むことで後天的に学び得るものです。

一方で、このような話をすると、よく「自分にはリーダーを経験できるような機会が訪れなかった」とコメントをもらいます。でも、本当にそうでしょうか？　リーダーとなれる経験は大小を問わず、日常に数多く潜んでいます。たとえば、身近なところでは「飲み会の幹事」でも、担当する人によって所作がまったく異なりますよね。

偉大な野球選手であり、監督でもある落合博満氏のエピソードが記憶に残っています。2004年から2011年まで中日ドラゴンズの監督を務め、日本シリーズ制覇も達成した経歴を持っていますが、著書で監督になる以前にリーダーシップを発揮していた場所として「小学校のPTA」と明かしていました。日本プロ野球史上唯一となる三度の三冠王を得ているほどの名手でありながら、リーダーシップは

ＰＴＡで学んでいた。そのギャップもあって、強く印象に残っているのです。

もし、会社の中で出世しなければリーダーシップは得られない、と思っている人がいるならば、どんなポジションでも、どんな場所でも発揮できるスキルの１つなのだと認識を新たにしてください。

次の項目以降では、改めて、これからのリーダーシップに必須の「エンゲージメント」と「コミュニケーション」について、深掘りしていきましょう。

28

どうして、「やる気」は本人の問題とされていたんだろう？

Before

仕事なんだから、
いいからやれ！

「いやー……お前さ、なに口答えしてるんだよ」

「そんなつもりは……」

「やる気があるとか、ないとかじゃないんだって。これは仕事なんだから」

北原充は、課長の早川純一に詰め寄られていた。進捗の悪い仕事があり、それを詰問されていた形だった。

「もちろん、仕事だともわかっているのですが……」

「じゃあ、なんで進みが遅いんだって！」

「いえ、その、飛び込みで営業したり、知らない人に電話をかけたりするのが、どうにも苦手意識がありまして……」

「だから、お前の苦手意識とか関係ないんだって！」

早川課長は机をバン！と叩いた。

仕事は仕事、たしかにそれも理解していた。しかし、北原は頭でわかっていながらも、なかなかうまくできない自分にも苛立ちつつ、何とかしなければ……と思っていた。打開策は、見えていないままだ。

After

「やる気」が自然と高まる仕事をする

「いやー……お前に、こんな才能があったなんてな」

「才能なんていうものじゃないですよ」

北原充は、課長の早川純一に肩を叩かれながら言った。その叩き方は、進捗を詰め寄るのではなく、まさにエールを送るように、あたたかみのあるものだった。

「お前は飛び込みで営業したり、知らない人に電話をかけたりってのは苦手だったけど……。提案資料や営業成果をデータでまとめて、相性のいいクライアントの傾向を導き出すというのは、俺らがやろうと思っていたけど、ずっとできないことだったんだよ」

北原は高校でも理数科目が得意で、大学時代の部活でも会計係。数字とデータに強く、組織の後ろ支えをすることにはモチベーションを高く持つことができた。なかなか成果のあがらない北原に、早川課長は対面でのミーティングを、じっくりと実施した。そこからわかったのが、北原が持つ営業サポートとしての有能な側面だった。

「僕も、なんで自分が営業成績が出ていなかったのか、データを見ていたらわかってきたんです。筋の悪い会社にコストをかけて営業に行っていましたよね。でもそういうところもオンラインセールスをかければ、なんとかなりそうです」

打開策が見えたふたりは、固く握手を交わしていた。

How To

社員のエンゲージメントを高め、やる気を引き出す2つの質問

「仕事なんだから、四の五の言わずにやれ！」

この言葉、納得できますか？　私は新入社員として入った電通で、最初に中部支社配属を言い渡された瞬間のことを、どうしても思い出してしまいます（笑）。

「仕事なんだから仕方ない」と思える人もいるかもしれませんね。でも、よくよく考えてみると、本人がやる気か否かは関係なく、仕事だから取り組まなければいけないという論理は少し乱暴すぎではないでしょうか。人間誰しも、心のなかで「やりたいこと」と「やりたくないこと」はあるものです。やりたくないことに気が進まないのは不思議でもありません。

これまでの日本企業では、この「仕事なんだから」が強い勢力を誇ってきました。しかし、それでは今の社員や部下はついてきません。

そこで、前項でも取り上げた「これからのリーダーシップ」における「エンゲー

ジメント」が効いてきます。

働く私たちには、仕事を選び、キャリアをつくる自由があります。そこで、大切になるキーワードの1つが「モチベーション」＝「やる気」です。「その物事を始めよう、進めようと思える動機」という意味合いですね。

エンゲージメントを高めるためには、モチベーションの高さが欠かせません。モチベーションが高い人ほど仕事に主体的に取り組み、活力のある状態で日々を過ごします。社員個々人の能力は、常にモチベーションとの掛け算で発揮されると考えるべきなのです。自律分散、具体的にはテレワーク化が進む社会においては、今まで以上に「モチベーションは経営のための重要なリソースになった」といっても過言ではありません。

では、どうすれば社員のモチベーションを高め、エンゲージメントを上げられるのでしょうか。その答えは**「個々人のキャリアの方向性が、所属する組織の方向性と一致している状態」**を目指す、です。組織目線の表現にするなら、「所属する組織の方針に、個々人がモチベーション高く参加できている状態」と言い換えてもかまいません。

どうして、「やる気」は
本人の問題と
されていたんだろう？

上司やリーダーは、この「方向性の一致」について考えを巡らせるべきであり、働く人それぞれの方向性を把握することが大切になってきます。それぞれが「何にモチベーションを見出しているか」「何にモチベーションを高められるのか」を認識し、それを毀損しない配慮をするのが第一歩です。たとえば、仕事の依頼においても、リーダーが一方的な采配や単なるスキルベースで割り振ってしまうのではなく、「個々人のキャリアの方向性」を加味する必要があるでしょう。

「個々人のキャリアの方向性が、所属する組織の方向性と一致している状態」をつくりあげるためには、リーダーは2つのステップを繰り返し確認していくのが王道だと考えています。

① 個々人の「やりたいこと」を把握する
② その「やりたいこと」と「組織の方針」の重なりを見つける

これまでは「組織の方針」ありきで仕事が組まれ、そこに個人をあてはめていくような順序が当たり前だったと思います。個人はその環境のなかで、自分なりに「やりがい」や「面白み」を見つけ出すことができれば、モチベーションにつながるという図式です。

もちろん、十分だと思えるような報酬や、成果に応じた金銭的なインセンティブというのも、その前進力を支える力の1つではあります。

でも、これからのリーダーは、個々人にモチベーションを丸投げしてしまってはいけません。「やりたいこと」と「組織の方針」が、実は向かう先が同じところにあるという重なりを見つけ、説いていくためのロジックが大切です。

個々人の「やりたいこと」を把握するには、キャリア形成と紐づけて考えることが前提になります。ビジネスパーソンの生き方や戦略は、本人が主体的に決めるのが基本ですが、すべての人が「やりたいこと」を明確に言語化できているわけではないのも現状でしょう。

そこで、私がIBM時代から実践していた、1on1ミーティングで必ず行っていた「2つの問いかけ」を紹介します。


「5年後、10年後、どうなっていたい？」

「それに対して僕の立場から、どう配慮すればいい？」

5年後や10年後のありたい姿を聞くことで、その姿と今の仕事の接点を見つけ出していきます。そして、それをリーダーの立場として、どのように後押しできるかを一緒に作り上げていく……といったイメージです。

しかし、「5年後や10年後」の質問を受けても、答えられない人のほうが多いかもしれません。「考えたことがない」という返答も素直なところでしょう。だからこそ、ミーティングを機に、仮に「わからない」と言葉にしてみるだけでも、本人の意識付けは変わっていきます。

どうしても見つからないようであれば、「今、どうしてもやりたくないことは？」と聞くのも効果的です。この質問は、本人のやりたいことを聞いてモチベーションを高めていくのとは逆に、モチベーションを下げないようにするポイントを把握する意図があります。モチベーションを高めることはもちろんですが、「削がないこと」も大切なのです。

目的合理性から考えれば、「やりたいこと」が見つからない相手を叱咤したり、ストレートに指摘したりすることも必要に思えますが、それによってプライドが傷つき、モチベーションが削がれてしまっては元も子もありません。

「やりたいこと」と「やりたくないこと」を自分の言葉で形にするのは、仕事が

「本人の責任」の影響下にあることを、少しずつ意識してもらううえでも有効です。

そして、リーダーは本人が宣言した「やりたいこと」と「やりたくないこと」を、実際に実現していくための環境をなるべく整えるために配慮しましょう。「やりたいこと」が社内では実現できないのであれば、社外での活動を勧める必要があるかもしれません。それにより、本人がキャリアの設定を見直すこともあるでしょう。ただ、目的合理性から考えても、それは現代のビジネスパーソンとしては当然の行動といえます。

このように相手の状況と環境によって、リーダーが部下に働きかける内容を柔軟に変える手法はリーダーシップ研究における「パス・ゴール（Path Goal）理論」でも説かれています。今回はこの理論の深掘りはしませんが（検索してみると、すぐに解説に行き当たります）、大枠の理解としては「部下がうまく目的や成果を達成するために、リーダーが取るべき行動は何か、どのように働きかけをすべきか」を考えることで、リーダーの務めは果たされるとする理論です。

相手に合わせて話しかけ方や言葉の使い方を変えることが、またリーダーにとっても、大事なスキルになるのです。

リーダーに限らず、**周りのメンバーのモチベーションに配慮することは、働く私たち一人ひとりにとっても大切な振る舞い**になります。組織人にとっての最大の仕事といっても差し支えはありません。その点でも、誰もがリーダーシップを持つべきなのです。

ちなみに、エンゲージメントの高さと、企業の業績には相関関係が認められることもあります。また、いずれの調査機関のレポートをとっても、海外諸国と比較して、日本企業の組織はエンゲージメントが低いという結果が出ています。由々しき事態ではあるのですが、よく言えば向上させられる余地がまだまだたくさんある、ということです。日本企業の復活は、私たち個人のリーダーシップ向上への取り組みにかかっていると言っても過言ではないのです。

29

どうして、「社長や役員は特別な存在」だと思っていたんだろう？

Before

経営者の考えや行動は全然わからない

大学を卒業して、加藤透は初めて勤め始めた会社で、社会人の洗礼を浴びた。日々はめまぐるしく過ぎていき、すこしずつ仕事もこなせるようになってきた。加藤の会社は、全従業員をあわせても300人に満たない、いわゆる中小企業だった。会社説明会でも「アットホームな雰囲気」という文字を見ていたが、加藤には不思議なことがあった。

あるクライアントに、2年先輩である井口一彦と同行したときのこと。その不思議を聞いてみた。

「ちょっと変なこと聞くんですけど、うちの社長って何してるんですか？」

「はっ？　どういう意味？」

「いやー、社長の姿って毎月の朝礼とかで見ますけど、他で見ないなーと」

「……それは……社長業で……いや、オレもわかんないや……」

「じゃあ、副社長とか、あとなんか毎日遅く来る専務とか……」

「たしかに、なんだろうなぁ。会議とかしてるんだろうけど」

ふたりはそれから、知っている限りの情報と噂をすりあわせてみたが、はっきりとはわからなかった。ただ、社長について1つ思い出したのは、社長が朝礼の度に強調する、「我が社のミッションは先代からの教え」だという部分だった。

「うちもミッションとかビジョンとかありますけど……なんか数が多くて覚えきれないんですよね」

「加藤、それ絶対に、オレ以外の先輩の前で言うなよ。すっごい怒られるぞ、たぶん……とはいえ、オレもちょっと怪しいから、カンペでも作っとこうかな」

その瞬間、井口の携帯電話が鳴った。どうやら急なトラブルらしく、ふたりして倉庫へ向かってほしいという連絡が入る。あわてながら、加藤はタクシーを捕まえる。日々の仕事に翻弄されるあまり、社長たちの謎も、カンペづくりのことも、すつかり忘れてしまうのだった。

After

経営との「壁」がなくなり、距離感が一気に縮まった

仕事に忙殺される日々が一変した。会社に行きたくても行けない。それでも仕事を進めていかなくてはいけない。

入社後、ようやく仕事に慣れてきたと思えた加藤透は、初めてのテレワークに戸惑っていた。それは、悩みの相談に乗ってくれる、2年先輩の井口一彦とて同じことだった。ふたりはビデオ会議をつなぎながら、一緒に仕事を進めることもあった。慣れない在宅勤務で、気を紛らわせたかったのもある。

「井口さん、僕が前に、うちの社長って何してるんですか？って聞いたの覚えてます？　最近、社長たちはこういうときのためにいたのかなぁ、って思いましたよ」

加藤たちの会社は、「コロナ危機」に直面した際の行動が早かった。在宅勤務への切り替えや環境整備をはじめ、自らの会社がこの状況でなすべきことを、早急に

どうして、
「社長や役員は特別な存在」だと
思っていたんだろう？

行ったのだ。その際、ミッション、ビジョン、バリューについても再確認された。

「社長お得意の先代からの教え、めっちゃ役に立ってるよな」

「利己よりも利他を考える、とかですよね。それに、この前の会議も見てましたけど、経営陣って、あんなにバチバチにやり取りしてたんですね」

テレワークに移行して、ふたりの会社では大きく変わったことがある。それは経営層が出席する一部の会議が、ビデオ会議ツールによって公開されたのだ。希望する社員は誰でも閲覧できる。それは社長からの「全員で難局を乗り越えよう」という考えに基づくものだとも明かされた。

「こういう危機のときも含めて、ビジョンやミッションは大事なんだろうなぁ、と考えさせられたわ」

「僕もです。顔しか知らなかった経営陣が、変な言い方ですけど、めっちゃ普通の人なんだな、ビジネスパーソンなんだなって思ったっていうか……」

ふたりは会話しながら、この環境下でも売上を落とさないように、販路開拓のためのアイデア出しや、新規営業先のリストアップを進めていった。それは指示された仕事ではなかったが、ビデオ会議で話しているうちにアイデアが浮かんだのだった。

「よし、加藤、ありがと。あとはオレが引き取って、少し整えてから部長に提案してみるわ。ていうか、これ提案というより、『できること進めていいですか』って聞き方だな」

「みんないろいろと忙しいでしょうし、うまく進むはずですよ！　お願いします！」

新規営業先は、早くからテレワークに切り替えているところを中心に当たった。ビデオ会議慣れしていたふたりは、これまで実績のなかった先からも、受注を決めることができた。

How To
経営陣を対等な意識で評価する

テレワークの浸透は、ビジネスにおける「会議」に、いくつかの大きな変化をもたらしました。そのうちの1つが、「会議に参加できる人数が実質、無制限になった」ことです。これが、少なくない企業において、経営陣と社員との関係を変えているようなのです。

どうして、
「社長や役員は特別な存在」だと
思っていたんだろう？

情報の機密性なども理由ではありますが、これまでは会議室に入れる人数に限りがあったために、経営陣だけで会議をするのが当然とされていました。言わば、部屋というスペースの制限によって、可能な会議体にも縛りが生まれていたわけです。それがビデオ会議ツールを使うことで、ネット環境さえあれば、誰もが会議に参加したり、閲覧したりすることも可能になりました。

さらに、参加している人が誰でも履歴を追いやすいチャットツールでのコミュニケーションが進んでいることも、いっそう情報の透明性を上げることになりました。言わば、**役員室や会議室の壁がテクノロジーによって取り払われ、社員が「経営」に接しやすくなった**のです。

どの程度まで壁を取り去るかは、企業によって異なるのが実情です。しかしその結果として、リーダーシップにも関連する2つの大きな変化をもたらしているようです。

1つ目は、**情報量の差が減り、社員がより会社にコミットしやすくなった**ということ。

セキュリティの管理ができている前提にはなりますが、経営情報から仕事のやり取りまでが見えるようになっていくと、これまで一部のポジションの社員だけが知りえていたような情報も行き渡りやすくなります。仕事のナレッジも積極的に共有されれば、ケーススタディのように社歴の浅い人に「経験値」を分け与えることもできるでしょう。働く個々人にとっては、主体的に情報へ食らいついていくことで、学びを深めていけるチャンスともいえます。

もっとも、ファイナンスと人事情報だけは、インサイダー情報にも関わるため、見せ方には注意が必要なことは変わりません。「どこまで情報をオープンにできるか」という点には、企業カルチャーが表れてくるところです。

参考までに、アイデミーはまだ小規模な組織体の企業ではありますが、社員が接点を持てる機会は多く設けるようにしています。たとえば、月次で実施している私たちの株主向けの説明会は、昨今の事情も鑑みてフルリモートのビデオ会議で開催していますが、社員も参加して視聴することができます。株主とは生々しい会話がなされることもありますが、それらも社員は自らの目で見たうえで、自分が働き続けるに値する企業なのかを考えるきっかけになっているのではないかと思います（もちろん、執行役員である私としては、社員に見られ、試される場として緊張もするのですが……）。

2つ目の変化は、社長や経営陣が意図せずに備えていた**「形式的な権威」が減少してきた**こと。

たとえば「役員室」という肩書きあっての空間も、ビデオ会議に参加している以上、意味をなしません。ビデオ会議では基本的な発話者は一人に限られますから、「その人が何を言うか」に注目がより集まりやすくなります。そして、話している間は孤立無援の状態です。ビデオ会議における参加者の価値は「発言」で決まり、そこから「行動した結果」だけが評価につながっていきます。

役員室、社用車、専任の秘書といったステータスに紐づく特典もテレワークでは通じません。さらに会議でサポートしてくれる「取り巻き」社員もいない。役員の権威性を高めるような仕掛けが、ことごとく通じなくなっていきます。

権威に実質的な意味がなくなってくると、社長や役員に対しても、社員は「本来の働き」を基準に評価できるようにもなります。もし、その働きの姿勢に共感できたり、尊敬を集めたりすれば、社員はより一層仕事に励むようになるかもしれません。逆に、それらを失わないように全てを閉じきったままにすれば、オープンにしている同業他社と比較され、社員が会社に対して失望感を抱くこともあるでしょう。

実際に、私が見聞きした好例では、ビデオ会議で行われた「とあるコンペ」において、他社の役員は飾りのように居るだけだったなかで、部下に頼らず自らの強いメッセージを発した役員の会社が競合相手を圧倒。その言葉によって受注を導いた例もあります。

話をまとめると、社長や役員が、これまで以上に、かつ本質的に、社員に評価される時代になったと言えるでしょう。逆に、これからの会社員は、経営陣を対等な意識で評価し、その下で働くことの是否に意識的になるべきでしょう。それが、自らの経済的な見返りやキャリアの成功に、大きな影響を与えるはずです。

30

どうして、「トップの考え」も知らずに働けたんだろう？

Before

経営者のメッセージは「建前」にすぎない

出社すると、米田啓介は机に置かれていた社内報を手に取り、パラパラとめくった。隣では、先に出社していた井上晴香が、真面目な顔をして読み込んでいる。

「あ、おはようございます！」

「おはよう……社内報読んでたのか」

「はい！　今月の社長からのメッセージ、しっかり読まないとなって思いまして」

社内報を手に目をきらきらとさせる井上に、静かに目をやっていた米田は、手にしていた冊子をパタンと閉じた。

「こんなの読んでも仕方ないだろ。だいたい、お前、社長と話したことあるか？」

「入社式のときに挨拶で見ましたよ！」

「オレも入社式で見たよ。それっきりだけど。しかも社長、途中で代わったけどな。建前なんだよ、社長メッセージとかは」

入社5年目の米田は、自分の経験をもとにふりかえっていた。

「で、でも、社長の考えをみんなが実現するのが会社で……」

井上のその言葉を、米田は否定しなかった。たしかに、その通りなのだ。だが、話をしたこともない人の言葉に、どこまで親密さを覚えられるのか、自信はなかった。

After

経営者の価値観が直接社員に伝わる時代に

出社すると、米田啓介は机に置かれていた社内報を手に取り、パラパラとめくった。隣では、先に出社していた井上晴香が、真面目な顔をして読み込んでいる。

「あ、おはようございます！」

「おはよう……社内報、別に読む必要ないだろ。だいたい内容、同じなんだから」

「そうなんですよね。社長が自分でブログやツイッターにいろいろ書いてますし」

「まぁ、さすがにオレは全部は見てないけど……井上が全部読んでるし、教えてくれるし」

井上は社長の言葉からの良い部分を、仕事やコミュニケーションでもよく引用しながら米田に話していた。

「社長と話したことないけど……社長の言いたいことがわかるだけでも違うもんな。なんだか最近、使う言葉とかも似てきちゃったし」

米田のその言葉に、社内報を手にした井上は、にこにこしながら応える。

代替わりした社長は自らブログなどで発信し、イントラネットでも週報を載せていた。まだ直接会ったことはないが、それらの断片をつなぎあわせることで、まるですぐそばで働いているかのような気持ちになれた。

How To

自分に適したツールで、トップ自ら考えを伝える

本書の最後は、半分以上、経営者に向けた内容になります。

これまでは、経営層がどのような仕事を実際にしているのか、大きな会社であればあるほど見えにくかったのではないでしょうか。前項でも述べたように、コロナショックのあとで、その様相は大きく変わりつつあります。

変化を促している要因は、デジタルテクノロジーの浸透です。会議におけるツールだけでなく、ブログやSNSといったデジタルの場で、自ら社内外へ発信する経営者が増加しました。

ITスタートアップには以前からある文化ですが、企業のトップが率先してブログやSNSで、自らの考えや会社の経営について述べています。以前からの事例であれば、藤田晋氏（サイバーエージェント）のブログであり、孫正義氏（ソフトバンクグループ）のツイッターです。彼らの発信は社外に自らのビジョンや戦略をアピールするとともに、自社の社員へ、自分の考えや思いを伝える役割も担っていたの

です。

最近では、コンテンツプラットフォームのnoteを活用した経営者の発信も盛んになってきました。映像メディアも、旧来のようなテレビへの露出を図るだけでなく、YouTubeで顔出し配信することもあれば、Voicyなどの音声配信サービスを利用するなど、自らの肉声で語りかける事例も生まれてきました。

また、これはすでに述べたことですが、不確実性の増した時代となり、企業の「ミッション、ビジョン、バリュー」といった理念を伝える必要性が増したことも、トップの発信が増えた要因となっています。

海外でも、人種差別問題などの政治的な事柄も含めて、トップの思想やメッセージ、理念に共感をしたうえで、社員が自らの身の振り方を決めていく流れが明確になってきました。グローバル企業であればあるほど、経営者による意見の表明、ブランドからのメッセージが重要視されるようになってきています。

日本でも、経営者であれば、自身の考えを広く伝えることが避けられない「義務」になったと自覚しましょう。文章を書くことが苦手であれば、音声や動画といった手段もあります。ツイッターでもイントラネット内の掲示板でもかまいません。

自分と自社に適したツールで社員に発信し、コミュニケーションをとっていきましょう。

社長や役員の自主的な発信の利点は、外部メディアなどのバイアスをかけない形で、社員に考えを伝えられることです。また、社員数が増えるほど、事業所の拠点が拡大するほどに、リアルでの接点が減っていくのは常ですが、デジタル上であれば社員と無制限にコミュニケーションをとることができます。

リアルでしか会えなかった時代と比べれば、**経営層は社員にとって、はるかに身近な存在であり続けることも可能になった**のです。

結果として、力量のあるリーダーにはさらなる求心力が備わり、それが認められない人には遠心力が働くようになっています。わずかな差が極限まで大きくなるデジタル世界の特徴が、「リーダシップ」にまで及ぶようになった、ということもできるでしょう。これからのリーダーは、そうした影響力の大きさまでを踏まえて、社員とのコミュニケーションに努める必要があるのです。

おわりに

本書の最後に、私がなぜここまで「新しい働き方」の定着にこだわるのかを、お話しさせてください。

1973年、岐阜県に生まれた私は、大学卒業後に広告代理店の電通でキャリアを歩み始め、アクセンチュアに転職しました。他の外資系コンサルティングファームでの経験もはさみ、日本IBMで都合15年勤務。クライアントとして保険会社や重工業、大手小売、通信会社、官公庁といった大規模な組織にも深く関わるなかで執筆した書籍『99％の人がしていないたった1％の仕事のコツ』は、シリーズで160万部を突破する幸運に恵まれました。

その後、株式会社Eight Arrowsを創業して独立。現在はオンラインAI学習サービスを手掛けるスタートアップ、アイデミーの執行役員も務めながら、ビジネススクールのグロービス経営大学院で講師も務めています。

このような経歴なので、日本企業の会社員の「働き方」については、大企業からスタートアップまで、かなりの経験と知見をためてきたつもりです。


ただ、私が日本企業の「働き方」に最初に関心をもつきっかけとなったのは、電通で入社1年目に中部支社への転勤を命じられたときでした。本編でも少し触れましたが、160人ほどいた同期のうちの8人が中部支社勤務となり、その中の1人に入ったのです。

その辞令を聞いたときに、私は「望んでいない一方的な転勤ではないか」と、どうしても納得がいきませんでした。「名古屋へは行けません」と人事部長に伝えると、「いや、サラリーマンというのは社命に従うものだ」と諭されました。「それならば、辞めます」と返したのが、私の社会人キャリアの始まりだったのです。まだ時期は7月。入社して3ヶ月での退社です。

そのときから、私は「人のパフォーマンスとは何か」を強く考えるようになりました。中部支社で本当に高いパフォーマンスを出せる社員が必要なら、現地の人材を採用すべきではないか？　どうして、わざわざ個人のモチベーションを下げるようなことをするのか？　会社というのは、ここまで社員個人の幸せを考えないものなのか？

電通の退職を決意する前後、そしてその後の数ヶ月の浪人期間に抱いた日本人の「働き方」への疑問は、いまでも私を突き動かしているようです。

コロナショックを契機としてまとめることになった本書が、かつての私のように、会社での「働き方」に悩む若者の助けになることを、切に願っています。

なお、本書はライターの長谷川賢人さんと、ダイヤモンド社編集部の横田大樹さんとのプロジェクトで出来あがったものです。

私のある意味「バラエティに富んだ」経験と問題意識を題材に、お二人の知見や技術をお借りして、何ヶ月にもわたり議論しながら進めてきました。そして、コロナショックの下で、さらに全ての構成をアグレッシブに再編集していただき、出版に至りました。お二人には心よりお礼を申し上げます。

［著者］
河野英太郎（こうの・えいたろう）
㈱アイデミー執行役員 ㈱Eight Arrows代表取締役 グロービス経営大学院客員准教授
1973年岐阜県生まれ。電通、アクセンチュア等を経て日本IBMに15年勤務。金融・IT・製造・通信・教育業における人事制度改革やコミュニケーション改革、研修開発・実施、人材育成、組織行動改革などを推進。著書に、シリーズ160万部超のベストセラーとなった『99%の人がしていない たった1%の仕事のコツ』（ディスカヴァー・トゥエンティワン）などがある。

どうして僕たちは、あんな働き方をしていたんだろう？
——古い「仕事のやり方」を変える30の方法

2020年8月26日　第1刷発行

著　者——河野英太郎
発行所——ダイヤモンド社
〒150-8409　東京都渋谷区神宮前6-12-17
https://www.diamond.co.jp/
電話／03·5778·7233（編集）　03·5778·7240（販売）
執筆協力——長谷川賢人
ブックデザイン—杉山健太郎
校正————鷗来堂
本文ＤＴＰ—一企画
製作進行——ダイヤモンド・グラフィック社
印刷————堀内印刷所（本文）・加藤文明社（カバー）
製本————ブックアート
編集担当——横田大樹

ISBN 978-4-478-11152-9